추억 버리기

추억 버리기

정인호 수필선집 隨筆選集

세종출판사

작가의 말

제가 이제껏 수필집 일곱 권을 출간했습니다. 수필집을 낼 때마다 50여 편으로 책 한 권을 묶었으니 모두 350여 편은 넘는 것 같습니다. 그중 66편을 골라서 이번에 수필선집隨筆選集을 출간했습니다. 어느 것은 문학적 가치가 높고 어느 것이 등외품이라며 흑백을 가려낸다는 것은 작가로서도 힘든 일이었습니다. 거기다가 한정된 지면이어서 부득불 애정이 가는 글을 골라 '추억 버리기'라는 제목을 달았습니다.

옛글에 군자가 귀하게 여겨야 할 덕목은 많다고 했지요. 첫째가 덕행을 쌓는 일이요, 다음이 마음 닦음과 깨달음으로 책을 내는 것이라고 했습니다. 그중에서도 책을 내는 일은 이름을 드날리며 유명해지는 것보다 더 값지다고 했습니다. 저는 그 대목에서 자부심을 가지고 열정을 다해 수필집 일곱 권을 일구었고 앞으로도 가는 길을 멈추지 않으려고 합니다.

무엇보다 외래어나 한자를 되도록 줄이려고 애썼지만 그게 쉽지 않았습니다. 우리말이나 한글을 가지고 쓴 저의 수필이 초등학생도 읽을 수 있고 한국말을 배우는 외국인도 이해했으면 합니다. 지구촌 사람들이 한글을 배울 때 교재가 되기를 은근히 바란 면도 없지 않았고요. 이에, 어깨에 걸머진 책임감만큼은 무겁지만 무거운 만큼 자랑스럽습니다.

제 글은 과연 독자들께서 공감하며 저절로 고개를 끄덕이게 하는가, 그런 의문을 풀지 못합니다. 다 읽고 책장을 덮은 뒤 깊이 사색하기를 바라면서 천덕꾸러기 종이책을 여덟 번째 만들어 세상으로 떠밀어냅니다. 이즈음에야 뭔가 세상 보는 눈이 어슴푸레하게 잡히는 것 같은데 잡힐 듯 말 듯 건너야 할 강은 아직도 멀고말고요. 반나절도 건너오지 못한 듯싶습니다. 이 책이 나오기까지 충고와 격려를 해 주신 여러분께 고개 숙입니다.

2023년 3월

강인호

차례

제3부 아모르파티

제4부 내 탓이요

제5부 호모 헌드레드

제6부 평상심

제1부

독한 놈

1원 이야기

내 책상 서랍엔 동전 몇 닢이 굴러다닌다. 고액권이 아니라고 대수롭잖게 여긴 탓인지 시무룩한 표정이다. 500원, 100짜리보다 최소 단위인 1원짜리에 눈길이 더 가는 것은 무엇 때문일까. 어두운 곳에서 밝은 세상으로 나오고 싶어서 얼마나 주인을 원망했겠는가. 나를 천대하고도 네가 잘 되기를 바라는가 따지는 것 같았다.

그렇다. 힘들게 일한다 해도 생존 경쟁에서 살아남을까 말까 한 세상이다. 손 안에 꼭 쥐어야 내 것인데 그 1원을 대수롭지 않게 여기면서 소가 닭 보듯 해서 될 일인가. 아무리 부자라도 1원이 전 재산의 주춧돌이 되고 그 1원이 일억 또는 몇 조 단위의 기본이 된다. 업신여길 단위가 아닌데도 밀폐된 공간에서 푸대접을 받다니…. 단돈 1원! 작은 것을 더 아끼라던 충고를 귀담아 들었다면 내 주머니 속은 진작부터 두툼했겠지.

요즘은 세상이 많이도 변했다. 직접 은행 창구를 찾을 필요가 없고 인터넷이나 텔레뱅킹을 하다 보니 상대에게 원하는 금액을 마음대로 주고받는다. 이 순간을 틈타 1원이나 2원을 더 얹어 주는 송금 방법을 택한다. 이렇게 특별하게 내 특성을 나타내곤 했다.

말하자면 축의금으로 50,000원을 송금할 때는 50,001원을 보냈다. 조의금으로 100,000원을 보낼 때는 100,001으로 보낼 때가 있다. 마지막 숫자에 1원이 더 붙어 상대방 예금통장에 정확하게 찍히는 걸 바랐다. 그걸 노리고 송금한 후 환한 미소를 지었다. 그러다 보니 이젠 '그게 나'라는 증거가 되어 버렸다. 때로는 50,001원, 100,002원이라는 숫자 뒤에 붙은 1이나 2를 오래오래 기억해 달라는 뜻으로 말이다.

그 1이나 2란 숫자가 상대의 통장에 찍히면 '정인호'의 등록상표란 걸 그들은 다 안다. 일반 상거래에서는 끝에 붙는 소액은 할인하기도 했는데 오히려 더 붙여 송금해 준다는 것이 이젠 몸에 배어 익숙하다. 재산에 큰 보탬이 되진 않을 것이나 내 마음을 제대로 알아 달라는 뜻이다.

아닌 게 아니라 시골 5일장에서는 끝전을 할인 받아야만 직성이 풀렸다고 한다. 그게 옛사람들 정서였는데 요즘 회계학 상으로는 통하지 않는다. 나는 고정관념을 무너뜨리고 큰 변화라고 생각하는데 회계장부를 다루는 이들은 매번 전화를 걸어와 그러지 말라고 말린다. 더 받은 1원이라는 숫자 때문에 결산할 때 매우 귀찮다는 것이다. 이번에 50,001원을 보낸 것은 어쩔 수 없지만 다음 해 회비를 낼 때는 49,999원을 보내라고 하면서 달갑지 않게 여겼다.

내가 인터넷으로 상품을 주문할 땐 아무짝에도 쓸모없는 1원을 더 보낸다. 받은 그분은 나에게 전화를 걸어와서 그 이유를 묻곤 했다. 궁금해하는 그 전화가 바로 나에겐 돈을 받았다는 영수증이다. 한 상자에 30,000원 하는 고구마를 두 상자 주문하고 60,002원을 보낸다. 40,000원짜리 사과를 세 상자 주문하면 120,003원을 보내는 식이다. 맨 마지막에 찍힌 2나 3은 택배 보낼 상자 숫자를 표시한다는 것을 그분들도 금방 알아차린다.

천대하듯이 버려두었던 1원짜리 한 닢. 그 1원을 그냥 넣어두지 않고 상대에게 송금하면서 내 독특한 이미지를 드러낸다. 하찮게 여겼던 것이 상대에게 주는 가치는 무엇으로도 바꿀 수 없다. 1원을 더 받는 이들의 기쁨이 온 누리에 가득하기를 바란다. 쪼잔하게 동전 한 닢에 해당하는 1원을 더 붙여 송금하면서도 계속해야 할지 말아야 할지 분간이 안 된다.

개똥철학

일상용품 가운데 고마운 것 중 하나가 실장갑이다. 남들이야 별로 대수롭게 여기지도 않는 것이지만 내 생업을 위해서는 필수품이다. 회사에 출근하자마자 그날 할 일을 구상하며 작업용 면장갑을 찾아 끼는 것이 습관이며 나의 하루 일과 시작이다.

말하자면 그것을 끼고 상품을 이리저리 옮기다 보면 그걸 끼었는지 맨손인지 전혀 어둔하게 느껴지질 않는다. 내 살갗이나 다름없어서 무슨 작업을 하려는 것인지를 먼저 알고 손에 착 달라붙는다. 그럴 때는 생광스럽기도 하고 언제 시간이 가는 줄도 모른다.

내가 경영하는 회사의 상품은 배관자재가 주 종목이다.

청동, 스테인리스, 구리 같은 비철금속으로 만든 제품은 비교적 녹이 슬지 않는다. 이것을 깨끗한 마대나 단단한 상자에 담아 창고에 보관했다가 주문이 오면 소비자에게 보낸다. 이처럼 내 식구들 생업이 걸린 제품이라 해도 맨손으로 취급하는 것보다 실장갑을 끼고 만지면 작업능률이 한층 올라간다. 못난 내가 이만큼 밥술이라도 먹게 된 것이 실장갑 음덕이려니 생각하면 하찮은 것이라 할지 모르지만 나에게는 삶의 동반자라고 할까.

실장갑 원료가 되는 목화에 얽힌 사연은 얼마나 많은가. 문익점 선생은 사신으로 중국에 갔다가 붓 뚜껑에 목화씨 몇 알을 넣어 왔다고 한다. 그런 문익점 선생의 행적을 빗대어 '최초의 밀수꾼'이라고 익살을 부리는 이도 있는 모양이지만 밀수꾼 치고는 실로 존경할 만한 밀수꾼이 아닌가.

호칭만 해도 그렇다. 한자로 솜 면綿 자를 붙여 면장갑이라 한다지만 나는 순수한 우리말인 '실' 자를 앞에 붙이고 '실장갑'이라 부르기를 고집한다. 우선 기능성과 흡수력이 뛰어나서 친환경적이다. 오물이 아니라 똥이 묻었다 해도 마음먹고 세탁하면 주인 성격을 잘 따라 준다. 워낙 서민적이어서 겨울에는 보온을 겸하기도 하고 부피도 적당하여 작업복 주머니에 넣기도 편하다.

실장갑 소재가 되는 면사綿絲의 굵기는 숫자가 높을수록 가늘어진다. 주로 8수手 또는 10수 두 가지 중 하나를 택해서 두 가닥 이상을 꼬아 장갑을 짠다고 한다. 30수나 40수는 광목을 짜고, 60수나 80수는 내의를 만드는 원단이 되며 가늘수록 고급 옷감 재료가 된단다. 거기에 비해 실장갑 원료는 말할 것도 없이 서민적이라는 8수가 제격이라는 것이다.

목화는 우리 삶에 한없는 이로움을 제공하는데도 재배 과정에는 어려움이 많다. 초봄에 파종하여 봄비가 제때 내려 어렵사리 움이 튼다 해도 자칫 이상기후로 얼어붙거나 날짐승의 표적이 되기 십상이다. 가을이 익어갈 무렵 농부는 그걸 추수하여 빙빙 돌아가는 물레바퀴에 넣고 이리저리 뒤틀면 드디어 가느다란 실이 된다. 내 손으로 작업을 하지 않는다 해도 실꾸리에 통통하게 감기는 것을 상상하면 세상 이치가 파란만장하다는 것을 알게 된다. 이렇게 길고 긴 역경을 이겨낸 실장갑도 결국 해져 내 손에서 구멍이 나고 만다. 제 몸이 허물어지도록 제 몫을 다한 장한 모습을 내려다보노라면 한 오라기 실일지라도 그러한데 하물며 사람임에랴.

나는 평소 직원들이 쓰다 버린 실장갑을 주워 모으는 버릇이 있다. 그것들을 깨끗이 세탁해 광주리에 담아두고 다시 사용한다. 거기에 밴 상큼한 비누냄새가 후각을 자극하며 값이 비싸고 큰 것만이 반드시 큰일을 하는 것이 아니란 걸 알게 된다. 하찮은 것이 절약정신을 일깨우며 깊이 잠들어 있는 내면의 근면성을 되살려 준다.

이소역대以小易大라는 말이 있지 않은가. 그걸 내가 근무하는 사장실 금고 속에다 넣어두고 애지중지하는 모습을 보고 친구들은 지금이 어떤 세상인데 똥 묻은 장갑을 너무 귀하게 여기지 말라고 말린다. 무엇이 묻었든 깨끗이 세탁하면 원상회복이 되는데 작은 것의 소중함을 어찌 소홀히 할 수 있겠는가. 흔해빠진 실장갑 한 짝이라도 허수히 여기지 않겠다는 각오와 습관은 나름대로 개똥철학이다.

대추씨만 한 고것이

어릴 적에는 여든이 넘은 증조부와 한방에서 잤다. 초등학교 입학하기 전에도 새벽 5시경 일어나서 천자문을 읽고 암기했다. 아침부터 저녁까지 어른 공경하고 한문 배우는 것을 중심으로 흘러갔으니 믿을 구석이 증조부뿐이었다. 어떤 날 새벽엔 예상하지 못한 일도 있었다. 장난기 넘치는 학동이 글 읽는 척하면서 한 손으로 책장을 넘기는 시늉을 하면서 아랫목 이불 속에 누워 있던 내 고추를 조몰락거렸다.

새벽녘이 오면 아이들 고추라 해도 생리적으로 방광이 차는 것은 당연했다. 그럴 때마다 대추씨만 한 그것이 꼿꼿이 서서 하늘을 향해 고개를 쳐들었다. 그런 서툰 장난이 할아버지에게 들킨 일도 있다. 급기야 그들은 차가운 대청마루로 내몰려 두 손을 든 채 벌을 받았다. 그 모습을 이불 속에서 눈만 빠끔히 내밀고 바라보았다. 지금 생각해도 얼마나 통쾌했던지!

내가 천자문 배울 무렵이었다. 나보다 한두 살 많은 형들이나 우리 집안 아재들은 명심보감明心寶鑑을 배웠다. 어제 배운 구절을 오늘 아침에 책을 덮고 큰 소리로 암기해 내면 진도가 나갔다. 서울 강남에 있는 족집게 강사의 지도보다 한 단계 높은 증조부 특유의 학습지도 방법이었다.

그때 형들은 명심보감 첫머리에 나오는 계선편繼善篇을 읽었다. 좌로 흔들 우로 흔들 하더니 '자왈子曰 위선자爲善者는 천天 보지報之 이복以福하고 위爲 불선자不善者는 천天 보지報之 이화以禍니라!' 글 읽는 동안 우로 흔들 좌로 흔들, 계속 몸을 흔드는 것이 글깨나 읽는다는 학동들 수업 자세가 그랬다.

공자께서는 일일이 옳은 말씀만 남기셨다. 착한 일을 하는 사람에게는 복을 내린다고 했다. 못된 짓을 하면 큰 벌을 준다는 그 문장이야말로 천하에 둘도 없는 명문장 아닌가. 그런데도 발음이나 어감 때문에 아이들조차 킥킥 웃지 않고는 견딜 수가 없었다. 이게 웬일인가. 할아버지는 철

부지인 줄 알았던 손자가 '보지'라는 단어에 잽싸게 반응하는 걸 보시고는 흐뭇해하셨다. 어느새 사춘기에 접어든 걸로 본 것이다. 머지않아 장가보낸다면 집안의 대를 이을 고손자高孫子가 탄생하는 것은 시간문제라며 만면에 미소를 지으셨다.

그러구러 세월이 흘러 내가 사업을 할 때 홍콩으로 여행을 갔다. 번화가를 달리는 시내버스 뒤에 큰 글자로 '保持距離'라고 쓰여 있었다. 한문을 배우지 않았더라면 차량간격을 지켜 주행하라는 '보지거리'라는 글자가 시야에 들어올 일도 없었다. 회초리를 앞세워 문리文理를 틔어주려고 애쓴 증조부가 더없이 그리웠던 여행길이었다.

내가 중학교 1학년 때 그토록 나를 애지중지하시던 증조부께서 81세 연간에 노환으로 별세했다. 내겐 충격이었다. 뜻도 모르고 배우던 동몽선습童蒙先習도 중간에서 책을 덮고 말았다. 만약 할아버지가 백수를 채우셨다면 할아버지께서 의도하신 대로 한자를 배워 내 인생도 달라졌을지 모른다.

그때는 우리 집 사랑방으로 갓 쓰고 두루마기로 정장한 손님들이 찾아왔다. 제문을 지어 달라고 부탁하러 온 이도 있고 인사차 들린 이들도 있었다. 할아버지는 제문을 지어 그냥 건네주지 않고 큰 소리로 읽게 한 후 좌중 모든 이들이 돌아가면서 한마디씩 평가하도록 했다. 그럴 때면 이따금 '아하!' 무릎 치며 감격하는 이도 있고 제문을 읽는 자세와 목소리 톤까지 지도하셨다. 갓 쓴 어른들도 저렇게 멋이 넘치는가, 아이 눈에는 신선처럼 비쳤다.

세상은 많이도 달라졌다. 요즘 초등학교에서는 한자를 가르치지 않는다고 한다. 기본 한자를 몇 자라도 배운다면 이해성이 더 깊어질 것 같은 기대감이 인다. 한자를 모르는 아이들이 '保持'라는 단어를 읽는다면 금방 웃지 않을까? 나는 할아버지로부터 한자 몇 자라도 배웠으니 그보다 더 자극적인 단어를 접한다 해도 웃기는커녕 존경하는 자세로 경배 드리리라.

독한 놈

골프를 그만둔 이유를 물어왔다. 세상이 뒤숭숭하고 심리적 갈등이 심할 때였다. 내가 골프를 치다가 그만둔 이유를 써 달라고 했다. 골프 치고 다니는 걸 자랑하는 게 목적이 아니면서 내 인생을 반성하는 의미도 있고 세태를 꼬집는 내용이었기 때문에 선뜻 승낙하고 말았다.

한마디로 골프는 멋진 운동이다. 파란 잔디밭에서 하얀 공을 날리다 보면 시간 가는 줄 모른다. 한동안 나는 하루라도 거르면 큰일이라도 날 듯 전국 각지에 흩어져 있는 컨트리클럽을 찾아다녔다. 삶의 목표를 오직 둥근 공에 운명을 건 듯…. 그러던 내가 어느 날부터 골프를 그만두었다. 함께 다녔던 친구들은 이상한 눈으로 바라보면서 입을 삐죽거렸다.

긴 세월을 잔디밭을 누비고 다니며 온 우주를 삼킬 것 같은 열정을 쏟다가 무슨 연유로 담을 쌓는가, 궁금해했다. 심지어 내 사업체가 망하기 일보직전이라느니 꽃뱀에게 물렸다느니 온갖 억측을 하면서 친구들은 걱정하기 시작했다. 사실은 그 운동에 빠져들 무렵엔 죽기 살기로 재미를 붙여갔지만 내심 날이 갈수록 '그만두어야지'라는 생각이 고개를 들기 시작했던 것이 가장 큰 이유였다.

한창 골프에 미쳐 다닐 때는 골프채를 놓으면 큰일이라도 날 것 같았다. 그런데도 독한 마음을 먹고 그만둔다는 사실에 내가 더 놀랐던 것이다. 조그만 공이 저 멀리 구름 너머로 날아가는 모습을 바라보는 순간 정승판서가 부러울 게 없는 것이 골프라고 했고 나도 그랬다. 그런 희열을 물리치려면 어떤 물리적인 변화가 있어야만 그만둘 수 있는 스포츠가 골프 아닌가.

골프는 적어도 세 가지 조건이 맞아야 한다. 첫 번째는 경제력이다. 내 사업체가 넘어가거나 호주머니가 텅텅 비어 버려서가 아니다. 두 번째는 건강이다. 갈비뼈가 으스러진 것도 아니고 걸어 다니는데도 불편함이 없는 건강은 정상인이다. 마지막으로 시간이 있어야 한다. 골프장에서 시간을 빼앗겨야 하는 것이 가장 큰 문제였다. 아직 내가 할 일이 태산인데 컨트리클럽을 드나들며 하루 종일 허송하기에는 시간이 너무 아까웠다. 무엇보다 독한 마음먹지 않고서는 결단을 내리기 쉬운 일이 아니었다.

그뿐 아니었다. 서민들의 집값에 버금간다는 부산 근교 이름 있는 컨트리클럽 회원권을 두 개나 동시에 구입했던 것도 실수 중 실수였다. 잠시나마 허위와 가식의 너울을 쓰고 촐랑댄 내 행색이 얼마나 초라했겠는가. 불필요한 에너지를 소모하며 똥오줌 못 가린다고 모두가 비웃었지 싶다.

어느 날 세금고지서가 날아들었다. 세수稅收 찾기에 혈안이 되었던 국세청에서 나를 그냥 둘 리가 만무했다. 아차, 그야말로 억장 무너지는 소리가 '쿵' 하고 들리는 것 같았다. 그들 방침으론 골프장 회원권을 두 개 이상 소유하면 사업소득세 20%를 더 내라는 추상같은 명령에 걸려들었다.

내가 경영했던 회사의 외형금액은 적지도 않았다. 추징금은 나에게 엄청난 세금이었으니 어찌 억장인들 성하랴. 싹싹 빌면서 죽는시늉을 해 보았지만 면도날보다도 더 날카로운 그들은 눈도 깜짝하지 않고 정신 차리라는 호된 꾸지람이었다. 어쩔 수 없이 세금을 납부하고 은행 문을 나설 땐 구정물을 뒤집어쓴 듯 찝찝했다. 분수를 지키자고 몇 번이나 되뇌었지만 이미 물은 엎질러지고 빈 그릇이 된 후였다.

사람이 죽어 저승에 가면 염라대왕이 업경業鏡이란 거울로 비춰 본다고 했다. 자기 분수대로 살았는지, 그 이력이 하나님이 입력해 둔 전산망에 다 나타난단다. 그 말을 들은 이후부터 다시금 골프채를 매고 필드로 나선 적은 없었다. 무거워야 할 사나이 입으로 두말을 한다면 그 맹세는 우스갯거리가 되고 만다. 누가 뭐래도 나는 시간이 아까워 골프와는 인연을 끊는다고 꾹꾹 눌러 다짐한다. 그래! 나는 독한 놈이다.

꼴값

우리 민족은 예부터 노래 부르기를 좋아했다. 춤추고 신명나게 노래하는 가무음곡을 통하여 힘든 삶을 잠시 떠나 즐거움과 사랑을 표현했다. 만남과 이별, 꽃 피고 새 울면 다시 만날 약속조차 멋스러운 노래로 풀어냈다. 그래서 노래가 우리 전통문화로 자리 잡으면서 생활의 한 부분이 되었다.

노래 부르기는 일상적인 삶에만 자리 잡은 게 아니었다. 국경일 경축 행사도 주악奏樂으로부터 시작된다. 제사나 종교 행사에도 엄숙함을 알리는 춤과 단합을 홍보하는 음악이 빠질 수 없었다. 그래서인지 개인적인 친교 모임에서도 한바탕 신명을 풀지 않고 헤어지면 섭섭하다고 할 정도다. 그러다 보니 가는 곳마다 노래방이 우후죽순처럼 생겼다. 낮밤을 가리지 않고 남녀노소 구분 없이 고객이 되어 신명을 풀곤 한다.

나는 노래방엘 가끔씩 간다. 좁고 어두운 공간이지만 개성대로 신명을 풀면서 생활에 찌든 스트레스를 지우려고 애쓰기도 하고 상대를 즐겁게 하기 위해 애교도 부린다. 그 순간을 가만히 살펴보면 모두가 진지하다. 어쩌면 사람 사는 냄새가 나고 순수한 사람들 모습에서 축소판이 아닌가 싶었다. 눈을 지그시 감고 목청껏 내지르는 사람, 땀을 줄줄 흘리면서 마이크를 놓지 않는 그들은 세상사 아옹다옹 큰 의미를 갖게 한다.

노래방에서 웃고 떠들다 보면 주인공이 바뀔 때도 있다. 내 차례가 되어 열심히 노래를 부르고 있을 때 자기 차례도 아닌데 착각하고는 마이크를 뺏으며 나보다 더 큰 소리를 내지르며 분위기를 독점한다. 싫어하는지 좋아하는지 분수를 모르고 끼어들었기 때문인데 이런 장면을 '꼴값한다.'라며 비꼬기도 한다.

노래방은 꼴값하려고 찾아간다. 합법적인 장소가 노래방이라면 이런들 어떠하며 저런들 어떠하랴 하겠지만 그게 아니다. 무질서한 곳에서도 눈에 보이지 않는 엄격한 질서가 존재한다. 내 순서인지 누가 주인공인지 구별할 줄 알아야 하는 세계가 노래방이다.

마이크 잡고 보면 천태만상이다. 축하하려고 모인 장소에서 장송곡에 버금가는 느리디느린 곡을 선곡해서 황소 잡는 소리를 내는 사람도 있다. 무슨 고독을 씹는다거나 초상집 분위기를 연출하는 사람 말이다. 스트레스를 풀려고 노래방을 찾았는데 스트레스를 안긴다면 세상에 견딜 장사가 몇이나 될까. 그런 사람일수록 길고 긴 노래를 부른다. 끝나기를 기다리다가 지치면 화장실을 들랑거린다.

떠나간 애인한테 소렌토로 돌아오라는 칸초네 노래도 세계적인 명곡 아닌가. 엄연히 명곡인데 작사 작곡을 제 맘대로 하니까 청승맞아 나는 싫다. 페르귄트를 기다리다가 백발이 되어 버린 솔베이그의 애절한 음성이라 하더라도 박자가 느려지면 나는 싫다. 애상에 젖은 곡을 선곡해도 인내심으로 버티며 끝까지 감상해야 하는데 나는 참을성이 부족한 사람이 되고 만다. 세상사란 내 입맛대로 살 수 없는데 느리고 처량한 곡이라면 왜 그다지도 싫은지….

나는 노래를 못하는 축에 속한다. 그 대신 엇송아지 춤으로 대신한다. 차례가 되어 마이크를 손에 잡아 보면 다리가 후들후들 떨린다. 야릇한 긴장감으로 목소리가 가라앉는다. 마이크의 긴 줄을 쓸데없이 당겨 보기도 하고 둘둘 감아쥐기도 한다. 어색하기 짝이 없는 내 자신은 노래 잘하고 춤 잘 추는 한량 기질과는 거리가 멀다.

다행인 점이 있긴 하다. 언제나 두 눈만큼은 똑바로 뜨고 노래를 부른다. 어설프게나마 허슬, 콩가 같은 한 줄로 여러 명이 서서 추는 댄스를 누가 시키지도 않았는데 내 맘대로 추기도 한다. 거기다가 탬버린을 흔들면서 촐랑거리며 허밍으로 따라 부른다. 어깨도 들썩들썩하고 발을 쿵쿵 굴리면서 클리프 리차드 흉내를 내지만 턱도 없다.

어떤 노래든 절정 부분이 있다. 누구든 이 클라이맥스를 멋지게 불러보기 위해 그 앞부분부터 인내심 있게 끌고 나간다. 그 순간을 노리고 얌체 같은 친구가 끼어들어 큰 소리로 절정부분을 망치면서 꼴값을 하곤 한다. 천근만근 스트레스를 받고 사는 내 처지에 속 시원하게 한 곡 뽑으려다가 꼴값하는 사람에게 마이크를 빼앗기고 만다. 이럴 때 스트레스가 더 쌓인다. 다양한 인간관계의 얽힘을 통해서 나의 즐거움이 다른 사람에게 피해가 된다는 것도 한 번쯤 생각해 보아야 하지만 꼴값하는 작자들은 그걸 모른다.

기초 예절이 부족하다면 학교에서는 선생님이, 가정에서는 부모가 바로잡아 고쳐 주겠지. 그러나 노래방에서 꼴값하는 사람들은 누가 고쳐 줄까. 내가 앉아도 될 자리인가, 끼어들어도 되는가를 살펴보고 앉는 것도 노래방 예절이지 싶다. 아! 제발 내가 노래 부를 때 좀 끼어들며 꼴값하지 마소. 이것이 나의 부탁이다.

색色에 약한 남자

사람 욕심은 끝이 없다. 물욕, 식욕, 성욕, 출세욕…. 욕자가 들어간 것은 눈에 보이지도 않고 손에 잡히지도 않으면서 세상을 뒤흔들고 만다. 그중에서도 무엇을 가지고 싶어 간절히 바라는 물욕이란 어떤 색으로 다가올까. 아무래도 가득 찼는데도 더 담고 싶은 마음일진대 이를 잘못 다스리면 브레이크 없는 자동차나 진배없다는 생각이 든다.

그처럼 욕심에 대한 이야기는 끝이 없다. 내 승용차는 2020년 8월 현재 열네 살이나 먹어서 고물차에 가깝다. 사업에서 은퇴하면서 마지막이라고 생각하고 연료가 적게 소모되는 외국산을 골라서 내 식구로 만들었다. 하도 생광스러워 닦고 조이고 기름칠했는데 쇠붙이조차 세월을 이기지 못하고 누리끼리하게 변하고 말았다.

내 인생도 노색으로 변해가고 애마도 삐꺽 삐걱 주인 말을 듣지 않으면서 웬걸 연료통까지도 생리를 할 때가 잦았다. 이참에 새로 장만하느냐, 아니면 수리비가 들더라도 본디의 빛깔을 먹여서 한동안 더 타고 다니느냐, 갈팡질팡하던 참이었다.

새 자동차를 구입한다는 것은 결단력이 필요한 일이다. 더구나 운전면허증을 반납할 나이라면 고민을 하지 않을 수 없다. 그런데도 앞뒤 가리지 않고 덜컥 계약하고 말았으니 과욕을 부린 것은 아닌지 모르겠다. 새 차를 홍보하는 카탈로그를 펼치니 최첨단 IT 장비가 장착되었다고 자신 있게 소개하는데 슬슬 흔들리기 시작했다. 거기다가 인간의 가장 근원적인 욕망을 부추긴다는 색色으로 승부를 걸어오며 나를 유혹했다.

이를테면 모나코블루, 밀라노레드, 블레이징레드 등등 한 번도 들어본 적이 없는 원색보다 더 짙은 젊은 색 말이다. 내 나이를 잊은 채 회색이나 노을빛에 가까운 선셋오렌지는 거저 준다 해도 싫었다. 저 넓은 우주, 새로운 세상을 향해 질주하는 데 필요한 에너지의 원천이 되는 색, 어느 남자가 이글거리는 유혹에 넘어가지 않고 배기겠는가.

아닌 게 아니라 'Playboy' 또는 '미슐랭가이드' 표지에 나올 법한 색상이어서 기분은 붕붕 뜨고 먼 훗날도 지금처럼 활발하게 살아갈 자신이 펑펑 솟았다.

새 차를 계약하기 전 갈등에 휘말린 이유가 있다. 운전자로서의 능력이 언제까지 유지될지, 그게 문제였다. 인지력, 순발력은 정상이니까 서울~부산을 왕복으로 운전한다 해도 스태미나에는 끄떡없겠다 싶었다. 그러나 머지않아 면허증을 반납하고 몇 살까지 운전이 가능할지 앞날이 문제라고 주위에서 근심스런 충고를 하곤 했다.

세상은 많이 달라졌다. 백세시대라고 해도 지금처럼 쓸 만한 내 기능을 묵혀두고 쓰지 않으면 녹이 슬어버린다는 것이다. 육신도 욕망도 계속 사용하고 이어가야만 오래도록 기능이 유지된다고 한다. 삶을 개척해 나가는 활동력과 자신감은 헌 자동차를 버리는 것부터 가능하게 했다. 물에 물 탄 듯 술에 술 탄 듯 우유부단했다면 모처럼 생긴 자동차 구매 의욕이 물거품이 될 것 같아 서둘러 계약서에 사인하고 선금을 찔렀던 것이다.

나는 나이 들어갈수록 물색이 고운 옷을 입는 편이다. 거기다가 외관이 화려한 자동차까지 타고 다닌다면 늙음도 막아주지 않을까. 속담에 '보리밥을 아끼면 ○ 된다.'고 했다.

물욕이 활활 타오르고 영롱한 색에 유혹 당해 가슴이 이글거릴 때 계약금을 건 일은 잘한 것 같다.

내가 과연 언제까지 선홍색 티셔츠를 입겠는가. 거기다가 최신형이라는 G80 운전대를 잡을 수 있을까. 시선이 내게로 쏠릴 황홀한 색의 자동차를 타고 동해안 7번 국도나 낭만 바람이 살랑대는 남도지역 어느 섬으로 달려갈 생각만 해도 가슴이 뛴다. 고운 색 앞에서 사족을 못 쓰는 건 예나 지금이나 여전하다. 오늘도 핑크색 바지에 흰 남방을 걸치고 현관문을 나선다.

어이, 촌놈

남행열차는 꿈을 싣고 달리는 기차인가. 열여섯 소년일 때 고향 떠나 부산으로 유학 와서 강산이 무려 여섯 번이나 변했다. 그런데도 나그네처럼 향수병을 이기지 못해 북쪽을 향해 서성일 때가 많다. 짭짜름한 간고등어에다 삶은 문어 쫀득한 식감이 그지없이 좋다는 나를 보고 친구들은 촌놈이라고 놀렸다. 어쩌다가 '안동역에서'라는 노래가 가요무대에 나오면 어김없이 촌놈주제가 나온다고 늦은 밤에 전화까지 걸어와도 싫지 않은 나.

아는 이들은 다 안다. 세계적인 석학들도 안동을 좋게 평가했다. '토인비'라는 사람은 지구 종말론에서 인류를 구할 수 있는 것이 있다면 한국사회 대가족제도라고 했다.

펄벅도 변하지 않는 안동지역 유교문화라고 칭찬했다. 엘리자베스 여왕도 다녀갔고 국정에 여념이 없는 우리 대통령도 나라 일이 꼬일 때마다 찾아오지 않았던가.

안동은 옛것만 고집하는 동네가 아니다. 신구문화를 공존시키면서 그 속에 화려한 꽃을 피우려고 애쓴다. 진작부터 변화의 물결을 받아들이지 않았더라면 유적이나 전통문화가 원형대로 보존할 이유조차 없었다는 것이 나의 생각이다. 안동 사람 중에 애국지사, 독립투사가 의외로 많이 배출되었다는 통계는 놀랍다.

안동 사람은 길거리에서 누구를 만난다 해도 상대방 단점을 금방 지적하지 않고 너그럽게 신뢰한다. 자기에게는 추상같이 엄격하고 남에겐 봄바람처럼 관대한 것이 특별한 매력이다. 스승을 존경하고 이웃 어른들을 공경하는 예절문화는 말할 것도 없다. 재산보다 글 잘하는 사람에게 높은 점수를 주는 탓에 나도 회사를 팽개치고 수필가가 되었다. 자존심과 애국심 등 눈에 보이지 않는 무형자산을 체험하기 위해 각국 귀빈들이 앞다투어 안동을 방문하는 현실이다.

안동사람 성품은 하나같이 무뚝뚝하다. 못생긴 호박일수록 맛이 좋듯이 알고 보면 무척 다정다감하다. 내가 살고 있는 부산 사람들에게 길을 물으면 '이쪽입니다.' 하고 손가락 끝으로 가리키고 곧장 자기 갈 길을 가 버린다. 반면 안동 사람은 목적지까지 데려다줄 만큼 상세히 가르쳐 준다. 아무래도 현실성에 비해 지역적 특색이라는 선비문화에 젖은 습성이지 싶다.

또 어느 지역보다 억양이나 악센트가 강하다. 그런데다가 주어생략법主語省略法에 따라 간결하게 대화를 나눈다. 어찌 보면 불손하기 짝이 없는 사람처럼 오해받을 수도 있지만 그게 아니다. '사돈, 장에 오셨습니까!' 해야 할 인사말을 '사돈 이껴' 하고 마지막 글자에 악센트를 주고 단 네 글자로 줄여 버린다. 그래도 의사소통에는 아무런 지장 없다. 예부터 존댓말이란 간결할수록 상대를 존중한다는 뜻은 아니었던지 모른다.

가끔 고향에 다니러 가면 초등학교 동창생부터 만난다. '정인호 씨! 오랜만이다.'라고 해야 하지만 '인호라!' 단 세 글자로 대답하고 만다. 줄일 대로 줄이면서 덧붙이는 인사말이 없어도 친근감이란 금방 쪄 낸 인절미같이 말랑말랑하다. 어설프고 짜임새 없는 인사인 것 같아도 세상과 정답게 소통하며 정붙이고 사는 고장이다. 내가 부산에 살고 있지만 어느 해 프로야구 삼성팀 성적이 꽁지였을 때 누구보다 가슴이 아팠다. 전국체전이 열릴 때는 슬그머니 경상북도 편을 들고 마는 것은 그 때문이다.

안동 사람은 읍내에서 처음 보는 사람을 만났을 때 한두 마디 건네면 남남이 아니란 걸 금방 확인한다. 선조들 학문적 관계가 동서로 얽히고 외가나 처가 인맥이 남북으로 엮어져서 함부로 행동하지 못하게 꽁꽁 묶어 놓았다. 누구네 조상은 남인南人 계열 충신인데 광해군 폭정에 귀양 가서 생을 마쳤고 어떤 선비가 어느 임금 연간에 문집 몇 권을 남겼다는 역사적인 사실까지 훤히 안다는 것이 자부심 아닐까.

내가 바닷가에 뿌리를 내린 지가 그럭저럭 육십 년은 넘어 소금기가 배어나야 하는데 아직도 밋밋한 고향 산천을 헤매고 있다. 생선이 넘쳐나는 자갈치시장에서도 간고등어 구워 장물에 찍어 먹고 싶다. 경부선을 달리는 KTX보다 간이역마다 정차하는 안동행 무궁화 열차 기적 소리만 들어도 다 지나갈 때까지 고개를 돌리지 않는다. 이걸 봐도 타고난 천성이 영원한 촌놈이 아닌가. '회장님!' '사장님!' 하는 건성건성 호칭보다 '어이, 촌놈!'이라는 호칭이 훨씬 정겹다.

모순矛盾

봄이다. 저 남쪽나라에서 꽃소식이 특급열차를 타고 우릴 찾아오는 봄은 기다림이요 희망이다. 겨우내 죽은 듯이 잠자던 만물이 소생하는 부활의 계절이야말로 무척이나 설렌다. 이런 날 아침에 우리 집 식탁에서 두릅나물을 만났다. 다짜고짜로 초고추장에 찍어 맛을 보는데 봄 향기가 수저 끝에 따라와 입안을 가득 채운다.

문득 임금님 수라상이 부럽지 않다는 생각이 들었다. 눈 녹은 바람이 아직 귓등을 스치는데 봄나물을 맛볼 수 있다는 것은 때 이른 호사를 누리는 것은 아닌지. 상큼한 향에 이끌려 자꾸만 젓가락이 왔다 갔다 하는 걸 봐도 내 입맛은 제철 봄나물에 봄바람이 나도 단단히 난 것이 틀림없다.

새싹을 입에 넣고 우물거리는 동안 진실로 인간이 만물의 영장인지, 아니면 배를 불리는 단순한 초식동물에 불과한지를 생각하게 한다. 겨우내 칼바람을 피해 움츠렸다가 이제 막 고개를 내미는 연약한 새싹들을 사정없이 뜯어내어 주저 없이 목구멍으로 넘기는 잔인함이라니! 이러고도 만물의 영장이라고 자처할 수 있느냐는 것이 내 지론이다.

두릅은 이른 봄부터 온다. 그렇다면 봄을 알리는 전령사가 아닌가. 낮에는 햇살이 손짓한다 하더라도 아침저녁 찬바람은 여전할 때다. 그런 칼바람을 아랑곳하지 않고 겨우내 닫아 두었던 떡잎의 창을 살며시 열고 나오는 걸 보면 봄바람 난 여인을 닮진 않았는지 모르겠다. 어려움 속에서도 여린 속살을 드러내 보이면서 사람을 유혹하는 진심은 어디에 있는가. 한 점 입에 넣으니 온 우주를 품은 향기가 삶에 지친 나에게 기력을 보태 준다.

두릅뿐인가. 곡우 이전에 막 피어나는 새순을 골라 따내는 찻잎도 이와 다를 바 없다. 생명의 원천인 새싹을 자르는 것만으로도 부족하여 뜨거운 무쇠솥에 덖어 낸 것일수록 명차名茶라고 손꼽아 준다고 한다. 그런 역정을 다 거친 다음 또다시 뜨거운 물에 우려내어 향기가 진하니 연하니 코로 한 모금 입으로 한 모금 하며 신선을 자처한다. 그렇다면 인간의 욕망이란 어디까지란 말인가.

다도茶道는 어디까지나 마음을 가다듬은 후에 찻잔을 대해야 한다. 차를 끓인 사람에게 감사하며, 찻잔 속에 우러난 그 사람의 마음을 들여다보는 것이라고 했다. 우선 욕심을 채우기에 급급한 내가 찻잔 앞에서 그런 중용지도를 들먹일 것까지는 없다 하더라도 한 번쯤 그들이 당하는 고통을 알려고 애를 써 보기나 했던가. 모름지기 네 덕분에 이만큼이나마 건강하게 살고 있으니 흩날리는 눈발 속에서 피어난 강인한 자생력에 대한 감사할 줄 아는 마음이 앞서야 최소한 차를 마시는 사람의 예의 아니겠는가.

옛글 한 구절이 떠오른다. 창을 팔 때는 어떤 방패도 뚫을 수 있다고 선전하고, 방패를 팔 때는 세상의 어떤 뾰족한 창도 막아낼 수 있다고. 이 이야기는 오래도록 기억에서 지워지지 않는다. 이처럼 상황에 따라 자기 이익을 위해 안과 밖이 일치하지 않는 행동을 할 때 모순이라고 말했다. 우리 인간도 여린 새싹을 삶기도 하고 뜨거운 물에 우려먹는다면 창과 방패를 팔던 상인의 자세와 다를 바가 없다.

공자는 도천盜泉이라는 단순한 동네 우물의 이름이 마음에 들지 않아서 고행 속에서도 목이 말랐지만 그 물을 마시지 않았다고 한다. 그처럼 위인의 자세는 못되더라도 연약한 새싹만큼은 목구멍으로 넘길 때 그 과정을 더듬어 봐야 도리다.

두릅나물을 초고추장에 찍어 걸신스럽게 먹던 날 향기에 취해 상대의 입장을 헤아려보지 못한 건 사실이다. 맛으로 향으로 이로움이란 이로움은 다 준 그들의 희생정신을 당연하다고 착각하는 나의 모순…. 그러면서 두릅나물의 푸른 꿈까지 다 먹어치운 후 그도 모자라 뜨거운 물에 우려낸 녹차로 입가심까지 마친다. 아닌 척, 아닌 척 입천장이 뜨거운데도 억지로 참는다.

인생 선배

사람을 외모만 보고 판단해서는 안 된다. 나는 오래전, 한 노인을 보고 사람의 가치는 겉모습으로 가늠할 수 없다는 것을 새삼 깨달은 적이 있다. 그분은 내가 경영하던 회사 근처에서 구두닦이를 하던 분인데 내 인생길을 바로잡아 준 어른이다.

그해 봄은 따듯했다. 음력설을 전후해서 내 둘째 아들이 서울대학교 입학시험에 합격했다는 통지서를 받았을 때였다. 정월 초순부터 엄청난 복덩이가 굴러들어 왔으니 조상님께 감사를 올리고 아들을 가르쳐 준 선생님께도 인사를 드렸다. 온 천지가 내 세상인 양 기쁨을 억제치 못하고 아무에게나 자랑하고 싶었다. 어서 빨리 날이 밝기를 기다렸지만 우리 집 시계는 경전선 화물 열차보다 더 느리게 움직이고 있었다.

사람의 마음이 들뜨면 눈에 보이는 것이 없다고 했다. 자랑하고 싶어서 날이 밝자마자 이웃 방앗간에 가서 찰떡을 대량으로 주문했다. 방방 뛰며 한 집도 빼먹지 않고 고루고루 나눠 주었다. 그렇게 설치는 나를 보고 그 노인이 빙그레 웃으며 떡을 돌리지 말라고 말렸다. 좋은 일이 있다고 해서 날뛰고 다니면 복이 깎인다는 충고였다. 하지만 나는 들은 척 만 척 계속 설치고 다녔다.

그때 한 줄기 북풍이 '홱' 하고 지나가는 것을 느꼈다. 목덜미에 서늘함을 느끼는 순간 아차 하고 뭔가 스치는 것이 있었다. 구두 미화원 충고라고 무시할 수 없다는 생각이 부지불식간에 번쩍 들었다. 고소한 참깨 향이 코를 찌르고 김이 무럭무럭 나는 찰떡이었지만 부랴부랴 주문량을 취소할 수밖에 없었다.

알고 본즉, 노인 가족은 대단했다. 서울대학교 동문이 가족 중 세 사람이나 되었다. 맏아들은 그 대학을 졸업하고 우리나라 최고기업이라는 S전자주식회사 전무이사가 되었고 며느리도 그 대학의 교수라고 했다. 그뿐인가. 그 집 손자도 최고 점수를 받아 법대생이 되었지만 어느 누구에게도 자랑한 적이 없었다는 것이다.

그런데 나는 어땠는가. 내 아들이 그렇다고 해서 고무공처럼 방방 날뛴 것이 너무나 부끄러워 주먹으로 한 대 얻어맞은 충격을 받았다. 그분은 비록 손님 구두를 닦으며 살아가지만 인간의 도리, 하지 말아야 할 일을 명경 알처럼 알고 있었다. 분간 없이 날뛰는 나를 잠재운 인생 선배요 멘토라 하지 않을 수 없었다.

그때는 찰떡을 이웃에 돌리면 왜 안 되는지 그걸 나는 알지 못했다. 서울대학교는 아무나 가고 싶지만 합격하는 학생보다 불합격하는 학생이 더 많을 것이다. 바늘구멍보다 더 좁은 입학시험에 합격한 것까지는 그렇다 치자. 강자가 날뛴다면 불합격한 약자 가슴을 송곳으로 찌르는 것과 무엇이 다르랴. 뒤늦게 후회했다. 인생을 제대로 살았더라면 그만큼 사회를 바라보는 안목도 넓고 생각도 깊었을 것인데 말이다. 더 높고 아름다운 세상을 볼 줄 아는 혜안慧眼을 기르지 못했다는 자괴감이 그때부터 밀려왔다.

그러구러 새해를 맞은 지도 한참 지났다. 먼 산에 오색영롱한 아지랑이가 피어나는 찬란한 봄이 오면서 뜰에서는 목련이 몸을 풀려고 준비한다. 바로 복된 한 해를 예고하는 것 같다. '잘 영근 가을 열매를 다오, 그럼 온 우주를 품은 새싹을 너에게 주겠다.'라는 글귀가 떠오르면서 문득 어느 계절에 비해 더 눈부신 새봄이라는 것도 느낀다.

이 멋진 계절에 내 인생의 허점을 바로잡아 준 그 노인은 어디에서 살고 계시는지. 은퇴 후 편안히 살고 있다는 소식은 접하고 있었지만 근간에는 뵙지 못했다. 수소문해서 댁으로 찾아가 정중히 세배라도 올려야겠다.

엿장수 마음대로

깊어가는 가을엔 한순간도 아쉽다. 이를 놓칠세라 초등학교 시절 오줌줄기 멀리 나가기 시합했던 동기생 몇을 부추겨 단풍구경을 나섰다. 여럿이 함께 떠나는 것도 좋지만 내 승용차는 5인승이라 기껏 다섯으로 한정된 규칙을 따르지 않을 수 없다. 둥지를 떠날 수 없는 어미 새 같은 삶을 살다가 가을바람을 쐬러 나서니 다들 기분이 붕 떴다. 이래 봐도 저래 봐도 고속도로가 비행장 활주로처럼 시원하다.

좀 멀면 어떤가. 그길로 쏜살같이 달려간 곳이 호랑이가 살았다는 지리산 대원사 계곡이다. 단풍이 아우성치는 계절이라 기암괴석에 만산홍엽에다 붉은색을 칠해 온 산이 불타는 듯 화려함 극치다. 눈이 다 부시다. 천왕봉에서 시작한 물줄기가 억겁의 굽이를 돌고 돌아 마침내 절 앞에서 길고 긴 흐름을 멈추었다. 심산계곡 물길도 가을 깊이에 따라 흐름을 조절하는데 우리 인생도 바쁜 길을 저렇게 쉬어가면 좀 좋으랴. 주름이 깊게 팬 다섯 친구 얼굴이 물 위에 나란히 비친다.

대원사 안내판을 보니 이곳은 여승이 수도하는 청정도량이란다. 어느새 승방 쪽으로 자꾸만 시선이 가곤 했다. 아마도 알 수 없는 여승들 신비로움 때문인가. 저 안에서 몇 분이나 수도를 하실까? 비구니도 일반인들과 연결된 통신망이 있을까. 속세에 찌든 인간답게 사바 세상을 떠나 자신을 홀연히 버리고 부처님께 귀의한 그들 사연에 대한 궁금증이 활발하게 일었다. 예불을 드릴 땐 한쪽 어깨에 근엄한 가사를 걸치겠지만 저 안에서는 어느 정도 기본 화장은 하는지, 엉뚱한 상상을 하면서 적막이 내려앉은 산사를 자꾸만 뒤돌아본다.

다시 길을 떠나 곧장 전라남도 완도군 보길도를 향해 달려가면서도 일행에게는 행선지를 말하지 않았다. 내 마음대로 내젓는 독선에는 그만한 책임이 따른다는 것을 알면서 남해고속도로를 벗어나 우리나라 3대 민간 정원이라는 보길도 고산 윤선도 선생 세연정洗然亭 앞에서 자동차를 쉬게 했다.

'내 벗이 몇이냐 하면 수석과 송죽이라 동산에 달 오르니 그 더욱 반갑고야.'라고 했던 고산 선생 아닌가. 그 시조처럼 세연정은 고아한 가을 풍경 속에 선비 품격을 자랑하고 있었다. 우리 5인방은 그저 '오!' 아니면 '아!' 하는 감탄사만 연발하고 있다. 엿장수 마음대로 행선지를 정했는데도 도리어 일행들로부터 고맙다는 칭찬을 들으니 피곤이 싹 풀린다. 세연정 작은 연못에는 이름 모를 철새들이 수면 위에 짝을 지어 다니며 서로 화장을 고쳐 주고 있는 광경이 더없이 정답다.

호숫가에 고즈넉하게 돌아앉은 정자 툇마루에 나이 지긋한 관광객 부부가 나란히 앉은 모습을 보니 한 쌍의 원앙이 따로 있을까 싶다. 문득 오래전에 본 영화 '버킷리스트bucket list'가 떠올랐다. 중후한 노인의 풍미가 인상적이었는데 주인공 니컬슨과 모건 프리먼은 죽기 전에 각자 소망대로 가 보고 싶은 곳으로 여행을 해 보는 것이 소원이었다나. 그날 우연히 만났던 내외는 그 영화 주인공처럼 아름답게 늙어가는 모습이었다. 그들 노부부의 다정다감한 분위기를 해치지 않으려고 고산 선생 얼이 밴 연못을 한 바퀴 돌아서 나왔다.

우리는 다음 행선지도 정하지 않고 보길도를 떠나 완도대교를 미끄러지듯 빠져나왔다. 사람이 자유롭게 다닐 수 있다는 게 얼마나 큰 행복인지 모른다. 지금 쏘다니는 가을 여행이야말로 여생을 마무리 짓는 중요한 시기에 하는 복된 시간이다. 오늘을 즐기는 기쁨과 건강이 없으면 몇 년 내로 사그라진다는 것에 동의하면서, 꽃 피고 잎 피는 내년 봄에 다시 찾아오자고 다짐하는 친구들 얼굴에 불그스레한 단풍 빛이 물들었다.

2박 3일간 여행을 마치는 날이다. 인생은 목적이 있어야 하지만, 여행에는 목적이 있으면 되레 거추장스럽다. 행선지나 맛집을 정하지 않고 발 가는 대로 내달리는 것이 진정한 여행의 묘미가 아닐까. 남도지방은 차를 멈추는 데가 명승지요, 수저를 드는 식당이 어머니 손맛을 내는 맛집이어서 엿장수 마음대로 마당 넓은 집 앞에 차를 세웠다. 거기서 이른 저녁식사가 끝나면 부산으로 내려가야 하니 이제는 운전대 잡은 끗발이 다 사라진다며 일행 모두가 나를 보고 소리 내어 웃는다.

이 세상에서 영구 집권이 어디 있나? 나의 독선 행각 유효기간도 그때뿐이었지만 벗님들 이해와 호응으로 아름다웠던 가을 나들이다. 인생이 별것인가. 그저 '커!' 하면 '카!' 하면서 막소주 한 잔에 동고동락하는 것이 진국 인생일진대.

욕심

아름다운 꽃에 꿀벌이 모인다. 훌륭한 인물 주변에는 사람들이 모인다. 그러기에 좋은 사람을 사귀려면 내가 먼저 좋은 사람이 되려고 힘쓸 일이지 무작정 좋은 사람과 가까워지려는 것도 일종의 허욕이라고 할 만하다. 다행하게도 내 이웃에 좋은 사람이 많다.

평소에 나는 비교적 아침 일찍 출근한다. 내가 경영하는 회사 근처에서 구두 닦는 일을 생업으로 하는 S씨가 그중 한 분이다. 비록 남부러운 직업을 가진 것은 아니라 해도 성실하고 정직한 사람이다. 내가 회사에 도착할 즈음이면 그는 벌써 자기 일터에 출근해서 가게 문을 열고 주위를 깨끗이 청소하며 손님 맞을 준비를 하고 있다. 남보다 먼저 가게 문을 열고, 늦게 셔터를 내리는 부지런함이란 어느 누구도 따를 수 없다.

그가 빗자루로 자기 상점 앞을 쓸고 있을 때, 나는 내 사무실에 앉아 조간신문을 뒤적이거나 커피를 마신다. 하루를 맞는 그와 나의 자세가 그만큼 다르다. 남에게 지지 않으려고 서둘러 출근하지만 그를 이겨 본 적이 없다. 그는 소박한 들꽃 같은 인상의 사람이다. 온실에서 가꾼 꽃처럼 화려하지 않다. 소박한 외모 속에 근면함, 성실함을 갖춘 인물이 바로 그다. 그는 늘 이웃들에게 성실한 삶을 생각하게 한다. 자기 직업에 대한 열등의식이나 불만 같은 것은 찾아볼 수가 없다. 오물이 묻어 있을 것 같은 남의 구두를 종일 매만지는 것이 일과인데도 시종 미소 띤 얼굴로 손님들을 대한다. 우리 둘은 서로 만나기만 하면 누가 먼저랄 것 없이 웃으며 인사를 나눈다. 그런 지가 아마 30년은 넘었지 싶다.

또 다른 친구 H는 내가 단골로 다니는 우리 동네 조그만 목욕탕 보일러 실장으로 근무하는 사람이다. 모두 그를 '실장님, 실장님' 하고 그럴듯한 호칭이었지만 그에 상응한 직장도 아니거니와 넉넉한 보수를 받는 것도 아닌 것 같았다. 그는 근무시간이 정해져 있지도 않고 설이며 추석과 같은 명절에도 쉴 수가 없다. 그렇건만 힘들어하거나 싫은 내색을 하며 불평하는 걸 보지 못해서 그의 태도가 나를 감동시키곤 한다.

농부는 할 일 없이 밭두렁을 걸어 다니는 것 같아도 알게 모르게 잡초도 뽑고 농작물과 끊임없이 교감을 나눈다고 하지 않는가. 사람들이 어찌 알랴만 H실장 역시 그저 싱글벙글하고 다닌다. 끊임없이 이것저것 손보고 보일러실 기계와 교감하고 있음이리라. 그도 내세울 것 없는 직장이지만 천직으로 삼고 불평 없이 사는 모습에서 성실한 직업인 표본을 본다.

내가 하루는 그 목욕탕에 딸린 헬스클럽에서 몸 비틀기 운동을 하며 땀을 뻘뻘 흘리고 있었다. 그런데 전구를 갈아 끼우러 들어온 그가 나를 보고, '허리가 너무 구부정하다'라며 내 자세를 나무라는 것이었다. 그러면서 윗몸을 쭉 펴고 운동하라고 충고했다.

그 순간 '아차' 싶었다. 그곳에는 헬스클럽 코치가 따로 있고 그는 남을 바로잡아 주는 직업이 아닌데도 시키는 대로 커다란 거울에 내 몸을 비춰 보았다. 과연 내 등줄기가 구부정한 채로 걷기도 하고 뛰기도 했으니 운동 효과를 얻기는커녕 헛바퀴만 돌리면서 땀을 흘린 것이다. 이게 모두 내 고집 탓이요 마음도 몸도 어느 하나 제대로 다스리지 못하고 살았다는 증거 아닐까.

세상에는 하늘의 별처럼 많은 직업이 있다. 그중에는 보잘것없는 직업도 있고 노력한 만큼 소득이 따르지 않는 일에 종사하는 이도 흔하다. 그래도 자기 분수를 알고 자기 직분에 만족하며 열심히 살아가는 그 사람들이야말로 내가 본받을 스승이 아닐까.

그런데 정작 나는 어떠한가. 일흔이 넘었는데도 세상 이치를 깨닫기는커녕 번드레하게 물색 고운 넥타이로 치장이나 하고 다니며 내가 최고라는 착각에 사는 사람은 아닌지. 자칫 허리나 등을 꾸부린 채 운동하는 줄도 모르고, 앞가림도 못하면서 목소리만 높은 그런 반거충이가 된다면 어찌할까 하는 걱정이 들어 새삼스레 나를 부끄럽게 한다.

이웃이란 글자 그대로 공생하며 사는 관계다. 좋은 이웃을 바라기에 앞서 내가 먼저 좋은 이웃이 되어야 한다. 그렇다면 그때 비로소 좋은 벗이 내게 나타날 것이다. 헛된 욕심을 버리라는 말은 아마 나를 두고 한 말인 것 같다.

제2부

미쳐야 산다

울 어매

금년 여름은 폭염에다 가뭄까지 덮쳐 두어 달을 고생했다. 그런 삼복중에 어머니가 하늘나라로 가시고 말았다. 불과 석 달 전만 해도 채전 밭에 나가 상추며 오이를 길렀고 보궐선거 투표하러 3km 떨어진 면사무소까지 왕복으로 걸어 다니실 만큼 건강했었다. 무엇이 그리 급했는지, 서둘러 떠나신 빈자리가 그저 기가 막히고 정신을 수습하기가 어려울 지경이었다.

옛 어른들은 부모를 공양하기를 첫 번째 즐거움으로 알았고 그것을 행복한 인생이라고 했다. 어머니가 졸지에 떠나시니 나에게는 그런 조건이 사라진 셈이어서 멍한 나날을 보내고 있다. 읍내 병원에 출입한 기록이라 해봐야 지난 6월에 이비인후과 다녀온 것뿐이었다. 급작스레 폐렴 증세가 나타나 담당의사가 최첨단 주사약으로 치료할 때는 그래도 한 가닥 희망이 보였다.

그랬는데 입원하자마자 간호사가 느닷없이 어머니 두 손을 침대에 묶을 땐 기가 막혔다. 임종 직전에 씌운다는 인공호흡기를 얼굴에 고정하는 순간 내 가슴은 뛰기 시작했다. 링거 줄이 이리저리 엉키고 눈을 감은 채 가쁘게 몰아쉬는 숨소리가 내 심장을 후벼팠다. 그런 와중에 이 세상을 환하게 비춰 주던 단 하나뿐인 어머니, 오직 하나였던 그 별이 은하수를 건너가고 말았다. 안타깝고 안타깝다.

의사가 95세나 된 노모 두 손을 묶고 산소마스크를 씌우는 치료방법은 옳은 것인지? 히포크라테스 선서에 '의사는 환자 생명을 첫째로 생각한다.'라고 서약한 때문이겠지만 보호자인 내가 간호사 몰래 벗겨 드리다가 제지를 받고 중환자실을 쫓겨나고 말았다. 억지로 생명을 연장한다는 연명치료를 지켜봐야 하는지, 중단해야 하는 것이 도리인지, 갈피를 잡을 수가 없어 그런 회한에 내내 괴로웠다.

어머니 장례를 치르던 날 우리 형제자매들은 12년 전에 돌아가신 아버지 묘소를 개봉하여 한 이불 속에 나란히 장사를 지내며 슬피 울었다. 생각하면 후손들 편의대로 형식에 불과한 예를 다했을 뿐이었다. 장례를 마치자 형제들은 뿔뿔이 흩어져 제 살길로 가 버리고 일순간에 고향집은 텅 비어 정적이 감돌았다.

어머니가 거처하시던 방에 등을 밝히고 극락왕생을 빌었지만 텅 빈 방은 공허했다. 당신의 따듯한 체취가 배어 있는 세간들이 어디 한둘인가. 반짇고리, TV리모컨, 108염주…. 부처님 말씀이 담긴 금강경이라 할지라도 주인이 잠시 외출한 줄 알 뿐, 장기 출타하신 것은 모르는 것 같았다.

사람이 한평생을 살다가 저세상 갈 때는 매정하게 앞도 뒤도 돌아보지 않는다는 말이 맞는 것 같다. 하늘나라 가는 길이 얼마나 바쁘고 멀기에 변변한 유언 한마디 없었고 묶인 두 손을 풀어 드릴 겨를도 없이 서둘러 떠난단 말인가. 그 점이 못내 슬펐다. 부지불각 중에 상주가 되어 효도와 불효라는 두 단어를 번갈아 생각해 봤지만 때는 늦었다. 어머니 손때가 묻고 상표조차 제대로 지워지지도 않은 쓸 만한 것들도 사정없이 쓰레기통에 넣어 버리고 말았다. 당신은 생전에 재활용을 목적으로 갈무리하고, 못난 아들은 버리면서 심기를 불편하게 해 드렸으니 불효자식이었다는 회한이 가슴을 후볐다.

하늘나라 꽃길은 얼마나 멀까. 저승길을 가며 뒤돌아보

지도 않고 걷고 있을까? 석 달 하고도 열흘, 아니 몇 억겁을 간다 해도 다다를 수 없다는 말이 참말일까. 내가 코흘리개 시절, 과수원집이나 쌀밥만 먹고 살던 양조장집 손자들이 표준말로 부르던 '어머니'라는 호칭이 그렇게나 부러웠었다. 그런데 나는 촌스럽게도 '어매'라고 호칭했으니 그게 그리도 부끄러웠던 기억이 새삼스럽다.

어매!, 하늘나라 가신 뒤에야 맘껏 불러본들 무슨 소용이 있을까. 촌스런 호칭이 아니라 세상에서 가장 애틋한 이름이지만 이젠 때늦은 후회로 남을 뿐이다. 먼 길 가시면서도 아들 회한의 메아리가 들린다면 한 번이나마 뒤돌아봐 주시지는 않을지. 소리쳐 부르고 싶은 그 이름, '어매! 아니 어머니!' 지금 어디쯤 가고 있습니까.

울 어매 2

그리움이란 말 속에는 사랑이 내포됐다. 나에게 어머니 사랑이란 퍼 올려도 퍼 올려도 줄지 않는 우물물과도 같다. 길가에서 어머니를 닮은 노인을 만나면 가슴이 뭉클하여 깜작 놀라곤 한다. 세상에서 가장 아름답고 숭고한 단어 어머니, 그걸 부정하는 이는 없을 것이다.

울 어매가 지난 2018년 아흔다섯을 일기로 생을 마감했다. 우리 여덟 남매는 울고불고 법석을 떨었지만 맏아들인 나는 어쩐 일인지 눈물 한 방울 나오지 않았다. 심중에 감춰 둔 생각은 많았지만 어쩐지 벙어리가 되고 말았다. 누가 뭐라고 해도 다하지 못한 불효로 눈물샘이 메말랐기 때문이란 걸 알면서 말이다. 입관하는 날, 수의를 입혀 드릴 때였다. 다섯째 여동생이 어매가 평소 사용하던 침대 서랍에서 챙겨 온 틀니를, 평소 읽으시던 금강경을 가슴에 얹어 드렸다. 이승의 모든 번뇌를 내려놓고 편안히 눈감은 얼굴을 본 것은 그때가 마지막이었다.

하관을 하던 날에는 인부들이 한 삽 떠 주는 부드러운 흙을 두 손으로 받아 조심스럽게 뿌리면서 취토取土의식을 거행했다. '취토 취토 취토!' 세 번을 복창하면서 극락왕생을 염원했다. 그리곤 그들이 다가와 억센 팔 힘으로 흙을 밀어 넣기 시작했을 때 여동생들은 철 만난 매미처럼 소리 높여 울었다. 이게 우리와 하직하는 마지막 순간이었다.

장례를 마치고 집으로 돌아오니 저녁 무렵이었다. 스무이틀 으스름달이 서녘에 걸렸는데 여동생 다섯이 유품을 정리했다. 평소 여동생들은 경쟁이나 하듯이 친정 올 때마다 물색 고운 옷들을 사다 드렸는데 한 번도 안 입은 옷가지들이 장롱에 가득했다고 한다. 맏며느리가 외국 여행 다녀오면서 사다 드린 색다른 핸드백도 나왔는데 상표도 뜯지 않은 것이라 둘러앉은 다섯 딸들이 눈치를 살피며 눈독을 들이는 웃지 못할 장면이 가관이었다. 그 손가방 속에는 몇 장의 신권 지폐, 경로우대증, 목도장 같은 소지품이 나왔다.

마지막으로 TV받침으로 쓰던 궤짝 문을 열었다. 화장품 그릇 속에는 뚜껑조차 열지 않아 변색된 동동구리무 병, 읍내 보건소에서 지어 온 변비약 봉지는 유효기간이 지난 지 몇 년이 된 것도 있었다. 목이 짧은 양말은 해질 대로 해져 폐품으로 분류해도 아깝지 않았는데도 손수 꿰매서 차곡차곡 쌓아놓았다. 손때 묻은 수첩을 들춰 보니 우리 팔 남매 전화번호가 비뚤비뚤 적혀 있다. 맨 첫머리에 어매 사랑을 독차지한 막내딸 전화번호 019-275-5230이 굵은 글자로 적혔다. 무엇보다 친정 종손자從孫子 결혼식 날짜가 유독 또렷해서 새댁이나 노인이나 친정 사랑은 변함없는 것 같았다.

어매가 거처하시던 방에 딸린 마루 밑에는 남녀 공용 검정 고무신이 주인이 세상을 하직한 사연도 모른 채 비스듬히 세워져 있다. 축담 밑에는 네 바퀴가 달린 똘똘이 의자 위에 당신의 굽은 허리를 닮고 닳을 대로 닳은 뭉텅한 호미한 자루와 해가리개 모자가 얹혀 있다. 마당가 장독대에 올라보니 단지와 단지 사이에 이런저런 물건들을 모아 놓았다. 삼다수 물병하며 빈병들이 많았는데 나는 퉁명스럽게 눈에 보이는 족족 재활용 통에 집어넣었고 당신은 내 눈을 피해 도로 주워다가 빈틈이나 단지 사이에 끼우고….

그중에서도 가장 가슴을 먹먹하게 만든 유품은 따로 있었다. 어매가 쓰던 장롱 위에 얹혀 있던 종이 상자 속에 당신의 회갑 때 안동포安東布로 지은 수의壽衣가 근 35여 년간 들어 있었던 것이다. 내가 부산으로 유학 가서 받은 중, 고등학교 졸업장과 정근상장, 주산5급 합격증, 공병우식 한글 타자 경기대회 입상 상장도 거기서 나왔다. 대처로 공부하러 간 맏자식 금의환향을 빌며 만져보고 쓸어보고 그리움을 달랬을 모정이 한없이 눈물겹다.

어매가 꽃길 가신 지도 어느덧 3년이 지났다. 나는 고향집에 갈 때마다 거처하시던 방을 깨끗이 청소한다. 창문을 열고 아무리 환기를 시켜도 어매 냄새가 여전해서 오랜 시간 그 방에서 얼쩡거리곤 한다. 유품 중에도 왕골로 짠 반짇고리 안에 든 한쪽 날이 반쯤 부러진 가위 하나가 나를 올려다보면서 버리지 말아 달라고 애원하는 것 같아 한층 가슴이 아린다.

이제부터라도 공손한 말투로 어매 뜻대로 해 드리고 싶지만 그렇게 할 대상도 옆에 계시지 않으니 서러울 뿐이다. 어매 손때가 묻은 것은 함부로 버리지 않겠다고 뒤늦게 후회해 봤자 부질없는 일이다. 내 딴엔 효도하느라고 헌것을 버리고 새것을 사다 드렸다. 한데 낡고 헌것이 유품으로 남을 줄이야. 이 세상은 쓸모없다고 여긴 것이 더 유용하게 쓰일 때가 온다고 믿었던 어매. 오늘따라 보고 싶어 마당가로 내려선다. 꽃밭 가에는 언제 피었는지 하얀 메밀꽃이 달빛을 머금고 애잔하게 웃고 있다.

늦바람 날라

내 나이 어느새 럭키 세븐이다. 밥그릇 숫자에 비해 건강한 편이라곤 해도 내심 초조감 같은 걸 안 느낀다면 거짓말이다. 가는 세월이 아쉬워 뭔가 배우러 다녀도 좀처럼 숙달되지도 않을뿐더러 손에 잡은 것도 돌아서면 놓쳐 버리고 만다. 젊은이들에게 지지 않으려고 오기를 부려보지만 몸과 마음이 따로 놀기 일쑤다.

나는 매일 새벽 여섯 시에 동네 어귀에 있는 허름한 헬스장으로 출근한다. 아침 운동하는 사람들 틈에 끼어 안간힘을 쓰다 보면 시간은 잘도 간다. 나보다 연배가 높은 사람들이 힘차게 팔다리를 움직이는 걸 보면 나도 저 나이에 저만큼 해낼 것인가 싶지만 앞날이 불확실하다. 하루도 거르지 않고 나의 존재를 확인하지만 몇 살까지 운동을 계속 할지 솔직히 건강에 대한 자신이 없다.

무엇보다 매일 아침 푸시업push up을 서른 번 이상 해낸다. 팔 굽혀 펴기는 몇 년 전만 해도 서너 번도 힘들었다. 이를 악물고 계속하는 동안 나름대로 힘이 붙었는지 10회씩 3회로 30회를 반복한 후 정리운동에 들어간다. 옆에서 바라보는 동료들이 대단하다며 비행기를 태우지만 기껏해야 벼룩이 동네 목욕탕 안에서 뛰는 격이다.

미국 대통령 조 바이든은 나보다 두 살 더 많다. 그는 5년이나 연하인 트럼프 전 대통령에게 밀리지 않으려고 팔 굽혀 펴기에 도전했다는 신문기사를 보았다. 운동에서 이기면 대통령에 쉽게 당선될 것이란 예측은 맞아떨어졌다. 나이 차를 극복하고 손아래 젊은이를 이겨 백악관으로 입성한 그다. 이래저래 건강이 청년 수준이라서 전 세계를 통치하는 데 지장은 없다고 한다. 가재는 게 편이라고 해서 나도 그를 닮고 싶다. 암, 그렇고말고. 자! 그럼 새벽 운동을 시작해 보자.

하나!, 코끝과 온몸이 바닥에 닿은 평행선을 이룬 체조선수를 닮고 싶다. 둘, 어떤 이는 20kg 역기를 작은 아령 다루듯 한다. 그만 위축되고 만다. 반절인 10kg을 들고 까딱

까딱 소리를 내는 나는 뭔가. 그들보다 가벼운 기구를 사용하니 횟수를 늘려 운동량을 커버해야 한다. 남들은 잘도 하는데 나만 못하는 것은 아닌지 열정이 인다.

셋, 이왕 시작한 운동이라면 100세까지 계속할 참이다. '잘 가노라 닫지 말며 못 가노라 쉬지 마라. 가다가 중지하면 아니 감만 못하리라.' 조선시대 선비 김천택 시조를 거듭거듭 읊으면서 말이다. 등줄기에 땀이 밸 때가 되면 그동안 잊고 살았던 좋은 생각, 나쁜 마음, 온갖 잡생각이 땀으로 배어난다.

넷, 4四라는 글자는 우리 정서로는 '죽을 사死'라는 관념이 있다. 새로 지은 아파트에 네 번째 층은 존재하지만 글자로 쓴 4층이 있던가. 이래서 내 사전에도 4자를 빼고 만다. 다섯, 팔 굽혀 펴기를 할 때마다 목표는 열 번이다. 다섯 번째야말로 반환점을 돈 셈이다. 이때부터 더욱 분발해야 한다. 여섯, 6이란 숫자는 예순의 첫 글자. 이모작 인생을 설계하고 육십 고개를 무난히 극복해야 하는 깔딱고개 아닌가.

문제는 일곱이다. 내가 사업에서 은퇴하면서 노후자금으로 꼬불쳐 둔 자금을 생소한 이름인 '브라질 국채'에 한 뭉텅이를 투자하고 이자를 따박따박 받아먹었다. 그런데 이게 뭔 일인가. 날이 갈수록 브라질이란 나라가 정국이 불안해져 대통령을 탄핵시키고 환율이 곤두박질쳤다. 그러더니 급기야 원금이 절반으로 줄어들고 말았다.

브라질이란 나라는 덩치만 컸지 실속은 없다. 꼭 필요할 시점에서는 시동이 꺼지고 마는 자동차처럼. 정치는 우파 좌파가 물고 뜯는 형국이어서 이자는커녕 원금까지 날릴 판이다. 제기랄! 힘들게 푸시업을 하면서 일곱 번째 고개를 넘긴다면 내 돈 100%까지는 못 건지더라도 70%는 변상해 주겠지.

사나이 욕심이란 한이 없다. 바다는 메울 수 있어도 사람의 욕심은 채울 수 없다는 말이 맞는 것 같다. 여덟 그리고 아홉을, 아홉을 마치고 나면 열 번까지 하고 싶은 것이 욕심이 아닌가? 코피가 날 때 나더라도 한다면 한다. 이게 알량한 남자 오기다. 목표했던 열 번을 해냈으니 사람이 사는 세상은 그렇게 힘들지 않다는 오만한 생각까지 든다. 이러다가 몇 년 후 팔순이 오면 늦바람이 나서 초가지붕 용마름 벗기는 것은 아닌지 모르겠다.

대추나무 아래서

내가 사는 아파트단지 입구에는 대추나무가 있다. 감나무나 살구나무 정도라면 모르지만 대추나무는 왠지 낯설어 보인다. 척박한 땅에서 소음공해에 시달리고 밤낮없이 조명이 꺼지지 않는데도 탈 없이 잘 자라서 보란 듯 수세를 자랑하는 대추나무!

그런데 곡우가 지났는데도 잎이 피지 않는다. 하지가 가까워지니 좁쌀 같은 작고 노란 꽃을 피웠다. 너무 늦다. 웬걸! 7월 소낙비에다 천둥소리에 놀란 탓인지 대추다운 대추알을 매달기 시작한다. 윤기가 반들반들한 잎에서 언제 삼동의 혹한이 있었더냐며 그제야 탐스런 열매를 한없이 품었다. 그 콩알만 한 열매가 한여름 불볕에 볼이 그을리고 가을 햇살에 과육이 익어 드디어 붉고 탐스러운 과실이 된다. 우리 인간도 세상 풍파를 견뎌 내면서 그렇게 살라고 가르쳐 준다. 그게 대추나무의 특성이라니.

입추가 그저께였다. 어느덧 가을 하늘이 유난히 푸르다. 사방으로 뻗어나간 수많은 가지에 주렁주렁 매달린 탐스러운 붉은 열매가 파란 가을 하늘과 멋진 대비를 이룬다. 그 열매를 따서 한 입 깨물면 입안 가득히 가을이 느껴진다. 내 삶은 대추만큼이나 붉고 당도를 지니긴 했을까, 묻게 된다.

단맛이 깊어가는 과일에 비해 사람은 다르다. 갓난아이는 철이 없어도 한 마디씩 커가며 속살이 차는데 나이 들수록 추해지는 사람도 없잖아 있다. 늙어 갈수록 어리석음과 아집이 주렁주렁 달리면서 종래는 가을 열매이긴 해도 은행 알에서 난다는 악취같이 노추의 냄새를 풍기기도 한다. 그러나 대추나무는 뿌리 내린 곳이 척박해도 군소리하거나 힘들다는 표정이 없다. 군자의 덕을 갖춘 열매이면서 허약한 자가 원기 회복용으로 달여 먹는 향기 짙은 열매다.

오늘도 삽상한 바람이 분다. 대추 꽃이 되는 것을 보니 자웅동체로 암수가 한 몸이다. 가지 하나에 열매가 엄청나게 열려 자손 번창을 상징하고 꽃 하나에 반드시 하나의 열매가 달리고 그냥 피는 헛꽃은 절대 없다. 대추씨는 굳은 한마음을 뜻하고 게다가 붉은색은 열렬한 나라사랑 단심丹心을 뜻한다고 해서 귀하게 여긴다. 씨가 하나이고 단단해서 조상 혼백을 받들어 모신다는 조상숭배 일념을 뜻한다고 알려져서 제사상 맨 첫 번째 진설되는 영광을 지녔다.

사람에게 인정받는 나무는 대추뿐 아니다. 과실 중에는 맛이나 풍미가 뛰어난 것이 많은데 은행 열매도 그중 하나다. 얼마 전 유명하다는 은행 노거수를 보러 간 적이 있다. 경북 안동시 용계동에 있는 천연기념물 제175호 은행나무다. 수령이 자그마치 700여 년이라고 하는 그 노목은 낙동강 상류에 임하댐이 생기면서 물속에 잠길 운명이었는데 현재 위치로 옮겼다. 흙을 야산처럼 높이 쌓고 중장비를 동원하여 마련한 터에 이식하는 작업을 마쳤다. 약 20여 년간 중환자용 링거를 꽂으며 정성을 들인 결과 노목에서 새싹이 돋아나 겨우 살아났다고 한다.

그 노거수에서 수확한 은행 열매 약효가 특출하단다. 고목이 가진 강인함과 악착같은 생명력으로 맺은 열매라 그런가 싶다. 그래서인지 적막한 산골에 선 고목이 열매를 맺으면 한약재 이상으로 부르는 게 값이라고 했다. 그만큼 희귀성이 있고 영물이라는 뜻일 터다.

이런 은행에 비해 대추나무는 한결같은 덕德을 상징한다. 과일 중에서 최소한 영역을 유지할 뿐 자기를 내세우지도 않는 겸손, 가을이면 어김없이 붉은 열매를 알알이 매다는 성실성, 그러면서도 뿌리 내린 곳이 아파트 단지이든 환경이 청결한 고향 산천이든 가리지 않고 묵묵히 자리를 지키며 살아가는 끈기를 가졌다. 열매 맺은 보상을 바라지도 않으면서 말없는 깨우침을 주는 대추나무 아래서 깊어가는 가을을 느낀다.

멧돼지 닮은 꼴

세상이 뒤숭숭하다. 요새는 멧돼지란 놈이 툭하면 말썽이다. 무시로 마을에 내려와 농작물을 망쳐 놓더니 며칠 전에는 겁도 없이 도심 한복판까지 나타나서 사람들을 깜짝 놀라게 했다는 뉴스다. 마침 TV 화면을 봤는데 닥치는 대로 이것저것 주워 먹은 탓인지 저팔계처럼 피둥피둥했다.

멧돼지란 녀석은 길쭉한 주둥이를 앞세우고 날카로운 송곳니에다 세상을 무너뜨릴 것 같은 눈매가 섬뜩하다. 하지만 멧돼지는 멧돼지였다. 어쩌다가 멧돼지 무리들은 데이트 장소로 번잡한 시가지를 택했을까. 명색이 산중에서는 강자라고 자칭하던 녀석들이 사람에게 쫓기다가 급기야 독 안에 든 생쥐처럼 꼼짝없이 갇힌 모습이 조금은 처량해 보인다. 쫓고 쫓기다가 경찰관이 쏜 총에 쓰러졌는데 어떤 놈은 용하게 포위망을 뚫고 휑하니 어디론가 내빼고 말았다.

멧돼지는 산에 살아야 멧돼지다. 녀석들이 민가에 나타나는 것은 인간의 무절제한 개발 때문에 먹이와 서식지를 잃은 때문이 아닐까. 그렇다 해도 야성野性을 지닌 채 인간세계를 넘보는 건 분명 일탈이요 받아들일 수 없는 행동이다. 도심에 출몰한 멧돼지가 머릿속으로 오버랩 되며 떠오르는 얼굴들이 있다.

요즘 줄줄이 쇠고랑을 차고 감옥으로 가는 사람들이 유행병처럼 번지고 있다. 고위공직자, 국회의원, 게다가 전직 대통령, 소위 왕형님이라 호칭되던 그분까지 말이다. 어디 그뿐인가. 어느 정당 원내 대표를 맡은 이마저 눈살 찌푸리게 하는 혐의를 짊어지고 있다. 하나같이 뇌물을 받아먹었느니 어쨌느니 하며 고위직에 있는 사람들이 뉴스 초점이 되어서 사람들 가슴에 아예 대못을 박아 버렸다.

그들이 비리에 연루되었건 어쨌건 언감생심 맹렬하게 설쳐 대다가 총에 맞아 죽은 멧돼지들과 닮은꼴은 아닌지 모르겠다. 사람들 마음속 오욕五慾이란 것이 있는데 다섯 가지의 욕심 중에서 더 많이 지녀 보겠다는 재물욕이 끊임없이 솟아오른다고, 모두가 욕심의 노예가 되어 살아갈 수 밖에 없다고 한다.

넘치는 탐욕을 얼마나 조절할 수 있는가에 따라 사람 구실 여부를 좌우한다고 한다. 그들은 제동장치가 고장이 나도 단단히 난 모양이어서 두려움을 떨칠 수가 없다. 조사를 받으러 검찰청 계단을 오르면서 하나같이 혐의를 발뺌한다. 그래도 믿을 사람은 아무도 없을 것 같다. 오히려 검은 돈을 받았느니 안 받았느니 구차한 변명을 하며 기자들 카메라 앞에서 얼굴을 가리고 손을 내저으며 황급히 떠나가는 모습 자체가 욕심을 버리지 못해 생겨난 인과응보였기에 어떻게나 천박해 보이던지.

멧돼지는 잡식성이다. 체면을 차릴 필요 없이 마구 먹어치우듯이 그들도 닥치는 대로 아무거나 받아먹었단 말인가? 개 눈에는 그것만 보인다는 속담처럼 권세를 이용한 그들 눈에는 공직이 한낱 먹잇감이요 치부 수단이 되었단 말인가. 그들이 TV 화면에 클로즈업되는 순간 장총을 맞고 피를 흘리며 쓰러진 멧돼지 모습과 다를 바 없었다. 인간의 오만이 결코 넘어서는 안 되는 영역을 침범하다가 당하는 갚음인지라 늘 당하고만 살던 약자들에겐 얼마나 통쾌했을까. 탐욕이 몸을 망친다. 돈 있고 권력 있다고 이것저것 마구 삼키다가는 결국 후회할 날이 온다. 사자나 호랑이는 시장하면 먹이를 잡아 배를 채우지만 배를 채우고 나면 아무리 먹잇감이 앞에서 얼쩡거려도 본척만척하는 것도 보았다. 비록 짐승이지만 그칠 줄을 알고 만족할 줄을 알기 때문이다.

그러나 사람 욕심은 끝이 없다. 산같이 쌓아 놓고도 더 가지려고 갈퀴손으로 마구 긁어 들인다. 한 번 당선되기도 어렵다는 국회의원을 여러 번 하면서 국익에 도움이 되는 일은커녕 뇌물까지 받는 추한 모습을 보인다면 멧돼지보다 훨씬 비윤리적이고 못난 존재가 아닐까.

그런데도 사람들은 멧돼지를 욕한다. 절제할 줄 모르고 탐욕에 몸을 맡긴 인간들. 욕먹어야 할 건 그들인데 툭하면 '돼지 같은 놈!'이라며 누가 누굴 욕하는지 정말 혼란스럽다. 그러고 보니 도심 한복판에 나타났다가 비명횡사한 멧돼지만 불쌍하게 됐다는 생각이 자꾸만 든다.

꽃보다 열매

무작정 길을 나선다. 우리 다섯은 잘 익은 가을 열매 같은 ○○고등학교 동기생이다. 살아온 과정도 비슷하고 생각조차 닮았다. 그런 어마어마한 인연으로 경상북도 맨 끄트머리 봉화奉化 쪽으로 간다고 행선지를 밝혔는데도 군소리하는 친구가 없는 걸 보면 기대가 크다는 뜻이다.

어중간하게 늙은 우리들은 구경 다니는 일이라면 큰소리깨나 치고 다녔다. 좀 놀아 본 '할배'들이라고 타이틀이 붙는 것도 당연하고말고. 이런 경력으로 꼭두새벽에 일어나 장장 300km를 쉬지 않고 달려왔지만 중간에서 차를 세우라고 닦달하는 친구도 없다.

사나이들이란 세월이 익으면 슬슬 수그러드는 법인데

다들 전립선이 제대로 작동하는 걸 보면 여행이란 보약을 먹는 거나 다름없나 보다. 내가 안동에서 태어난 인연으로 오늘 우리가 가는 그쪽 지역은 역사와 지리가 빠삭하다는 걸 동행하는 친구들은 다 안다. 아주 당연한 것처럼 나를 운전기사 겸 인솔대장으로 완장을 채워 버렸다.

첫 번째 목적지가 소수서원이다. 선비촌, 동양대학교까지 둘러볼 참으로 강행군해야 한다. 수많은 선비와 대쪽 같은 충신을 길러 낸 요람지여서 추로지향鄒魯之鄕이라는 동네 이름에 걸맞게 예절과 충절의 전통을 지키는 고장. 이 지역 사람들은 하나같이 외지 사람들에게 관대하며 인정을 흠뻑 쏟는다고 소문나 있다. 그래서 관광객일지라도 이곳에서는 품위를 지켜야 한다고 일렀다.

여행이라면 오감으로 말한다. 꽃을 보고 유적지 역사를 들여다본 후 맛집을 찾는 즐거움을 빼놓을 수 없다. 이곳 별미인 조밥에다 도토리묵을 맛보지 않으면 후회할 일이다. 거기다 풍기 인삼주로 짜릿한 반주까지 곁들여야 음식 문화를 제대로 체험한다기에 참새가 방앗간을 그냥 지나치지 못할 것이다.

이곳 낙동강 상류는 강둑이 아름답다. 둑이 아름다운 만큼 강물은 더 맑다고 일행 모두가 소리 지른다. 물도 맑고

산도 곱지만 예절 또한 제대로 지키는 고장인지라 무작정 돌아다니는 우리는 더욱 조심해야 한다. 눈에 보이지 않고 글자로 써 붙인 것도 없지만 주민들 심성과 생각도 맑다는 뜻이리라.

뿐인가. 농산물을 파는 노점상 할머니들 좌판 앞에서는 까다롭게 흥정을 하지 말고 제값대로 지불해야 한다. 골짜기에서 맑은 물이 흐르니 절로 맑게 흐르는가 하고 착각하는데 맑은 물이 흐른다는 것은 상류주민들이 알게 모르게 노력한 결과이다. 하루살이가 내일을 기약하지 못하듯이 가치관을 잊은 일부 관광객이 욕심만 채우려는 이기심으로 많은 것을 잃는다는 것이다.

얼마 전에는 피켓을 든 부산시민들이 시청 앞에서 머리에 붉은 띠를 두르고 심하게 오염되어 가는 낙동강을 살리자는 캠페인을 벌였다는 것이다. 부산시민이 먹는 수돗물은 장장 8백 리를 도도히 흘러내려 오는 물줄기에서 받아온다고 하니 이해가 되었다. 영주 봉화 안동지역 상류가 의연한 정기를 잃으면 하류에서 깨끗한 물을 마실 수 없는 것은 당연하다.

더 높이 뛰어야 세상이 잘 보인다. 부산을 떠나 더 멀리 여행 다녀봐야 남의 사정도 안다. 상수원은 왜 맑아야 하는지. 윗물이 맑으면 모두에게 돌아오는 혜택은 어떤 것인지를 깨친 나들이였다. 부산 사람들이 맑은 물을 마시겠다고 젖 먹던 힘을 다해 고함을 질러 봐야 상류를 지키지 않으면 헛수고라는 것을 알게 되었다.

암, 그렇고말고. 꽃보다 잘 익은 열매를 닮은 우리 다섯 명이 한목소리를 냈던 것만 봐도 그렇다. 익어가는 가을도 구경했고 청정한 동네 윗물이 맑은 것도 보았다. 경상북도 북부지방 상류가 맑은 걸 보니 하류 지역 주민을 배려한 결과라는 것도 말이다. 맑은 물을 마실 수 있는 건 축복 받은 사람들이나 누릴 수 있는 행복이라며 일행 모두가 소리 내어 웃었던 여행길이다.

미쳐야 산다

너의 소원이 무엇이냐? 이렇게 절대자가 물으신다면 대답은 간단하다. '좋은 글을 쓰는 것입니다.'라는 답이다. '그럼 어떤 글이 좋은 글인가?' 하고 또 물으신다면 얼른 대답이 안 나올 것 같다. 진실한 글은 진문眞文이라고 하고, 덕성스러운 글은 덕문德文, 마음속에서 우러나오는 글은 심문心文이라고 하느님을 향해 글자로 정답을 남기는 것도 그 때문이다.

사고의 깊이를 더하는 진실한 글을 쓰고 싶은 마음이 간절하다. 내 작품을 읽고 무릎을 탁 치게 할 수만 있다면 무얼 더 바라겠는가. 글 한 편 속에 피 한 사발이라고 했던 『혼불』의 최명희 작가 말처럼 좋은 글을 쓰고 싶은 욕심은 끝이 없다고 할까. 좋은 글쓰기가 어찌 물 한 컵 마시듯 쉽겠는가.

오죽했으면 왕년에 한국 최고의 문사들도 원고 청탁을 받아놓고 이렇게 쓸까 저렇게 쓸까, 궁리하다가 결국 펜을 던져 버리고 뒤로 벌렁 누워 버렸다지 않는가.

인간에게는 자기완성과 자기 성숙의 의무가 주어져 있다. 삶을 가치 있게 살려면 끊임없이 노력해야 한다. 그런 자기완성의 길을 가려고 했기 때문에 누가 읽어도 조금 모자라는 듯한 이해하기 쉬운 글을 세상에 내어 놓는다. 그럭저럭 밥이나 축내는 삶을 살았더라면 얼굴색은 좋았을지 모르지만 정신과 영혼으로 연결된 영적 목표에는 미치지 못하는 동물적 삶을 살았을 것이다. 이를 만회하기 위해 내 마음 닦음하고 남은 부속물을 수필집으로 묶는다.

나는 이 글을 쓰면서 몇 번이나 다짐했다. 밥 한 그릇을 먹기 위해 머리를 조아린 적은 없었다. 마음에 없는 말을 내뱉으며 적은 이득을 얻으려고 양심을 속인 적도 없고 앞으로도 없을 것이다. 다만, 내 무지로 인해 마음대로 써지지 않던 한 줄 수필 때문에 밤새 고민한 적은 한두 번이 아니다. 속은 새카맣게 탔지만 겉으론 태연한 척했던 이중인격자가 바로 내가 아니었던지.

독자는 무엇을 원하는가. 어떤 글을 읽기를 바라는가? 자연과 우주를 품에 안으려고 미친 사람처럼 날뛰었는가.

앞으로 나는 어떤 모습이어야 하는가. 그런 문제들을 앞에 놓고 깊이 고민했던 결과 이번에는 제자리걸음만큼은 면한 것 같지만 이래저래 그 판단은 독자들 몫이다. 그 하나로 나 자신의 행적과 반성, 앞으로의 꿈에 대해서 썼지만 잘해 보겠다는 다짐으로 마무리했다.

수필은 읽기가 쉬워야 한다. 부족한 듯 모자라는 듯 독자가 다가서는 데 부담감이 없어야 좋은 수필이다. 겉은 신변잡기 같아도 속이 서정적으로 꽉 차야 대접 받는다. 수필이 대접 받고 그 수필을 읽은 사람이 대접 받는 사회가 오기를 기다리면서 수필 쓰기에 몰두한다. 수필이라고 해서 독자들이 수준을 보는 눈이 없고 안목이 없으랴. 수필을 허투루 대하면 수필도 사람을 얕잡아 본다. 독자가 저자에게 등 돌리는 불상사만 두려워할 것이 아니라 수필이 독자에게 등 돌리는 불상사도 두려워할 날이 머지않았다.

이제 긴 넋살을 접을까 한다. 지난날 내 수필집을 받고 잘 받았다며 격려해 주었던 독자들이 뜻밖에 많았다. 힘들게 일궜다고 격려해 준 분들이 계시지 않았더라면 귀나 눈을 달고도 세상을 못 보는 청맹과니로 살았을지 모른다. 모름지기 '독자'라는 두 글자에 담긴 소중함을 다시금 새기는 시간이다.

새가 앉는 나무

이제껏 주위의 도움을 받으며 살아왔다. 모두가 인생의 크나큰 빚이다. 그분들에게 조금이나마 갚아야 한다는 생각을 하면서도 부질없는 욕심이 앞을 가로막고 만다. 허욕 때문이다. 내 앞에 가려진 장막을 어떻게 걷어내야 더 먼 곳을 바라볼 수 있을까? 나는 그런 것을 고민한다.

나를 가만히 뒤돌아본다. 가깝게는 가족들에게 무관심했고 이웃들에게는 얼마나 오만했던가. 글줄이나 쓴다고 편견에 사로잡혀 사소한 일에 반드시 이겨야 직성이 풀리는 아집을 버리지 못했다. 겉으로는 도덕군자 행세를 하면서 실속은 보잘것없는 종이호랑이에 지나지 않는다는 사실에 아니라고 부정할 수가 없다.

친구들과 소주잔을 앞에 놓고 농담 한마디씩을 주고받을 때가 있다. 웃자고 하는 이야기지만 환갑이 지나야 철이 든다고 말하기도 한다. 철이 든다는 말은 인간으로서 어느 정도 익어간다는 뜻일 것이다. 그렇다면 나는 진정 그렇게 익어가는 삶을 살고 있는가. 나를 향해 물어본다.

언젠가 읽은 논어 한 구절에 사람의 성숙도를 따지는 시기가 이순耳順이라고 했다. 요즘 그 연령대는 어딜 가더라도 물 주전자 당번을 면하기 어렵다고 하니 나이 행세하기도 쉽지 않다. 성인들이 남긴 글귀에 모든 것을 비우고 물질에 대한 집착을 버리는 것이 곧 깨달음이요 인격의 척도라고 했으니 깊이 새길 일이다. 남을 돕기도 하고 은혜를 갚아야 한다는 시기가 지금 내 나이인데 과연 나는 이즈음에 그렇게 살고 있는가.

지구상에 존재하는 생명체 중에서 인간이 가장 변덕스럽다고 한다. 그래서 이기주의적인 동물인 건 분명하다. 남에게 베푼 게 깨알처럼 작은 것이라도 있다면 집채만큼 부풀려 오래도록 기억한다. 오래전 일일수록 다 털어버리고 비워야 하는데 허욕이 가득해서 받을 것이 많은 것처럼 꽁생원같이 꽁하게 생각했다. 속 좁은 내 생각의 그릇에다 넘치도록 채울 궁리만 했음이 틀림없다.

세상 이치가 그러하다고는 하지만 쥐꼬리만큼 베푼 것이 있다고 해서 어찌 되돌려 받기를 바라는가. 먼 하늘에 구름이 걷히면 나를 데리고 갈 날이 곧 닥칠 텐데 분수를 모르고 팔랑개비처럼 날뛴 건 아닌지. 자만에 빠져 웃음거리가 되는 사람도 있다지만 내가 앞뒤를 모르고 설치는 건 아닌지 조심한다. 겸손해라, 욕심을 버리라고 하는 그 말이 가슴에 비수처럼 꽂히는 걸 보면 이제야 철이 좀 드는지.

하루는 어느 선배 출판기념회에 참석한 적이 있다. 그분이 인사말 중에 이제 미수를 넘겼으니 죽을 날만 기다린다고 했다. 그러다가 그다음 이야기가 너무나 진지해서 식장 안은 잠시 조용했다. 나이 팔십팔 세는 우리나라 평균 연령을 넘기고도 한참이나 넘겼으니 덤으로 사는 인생이란다. 미수는 고목이면서 가지가 풍성한 나무일수록 새가 찾아들지 않으면 무슨 가치가 있겠는가. 해 넘어갈 시간이 얼마 남지 않은 때요 바야흐로 황혼인데 무거운 짐을 그대로 지고 간다는 것은 말이 안 된다며 거금을 선뜻 기증하는 장면은 정말 감동적이었다.

이 세상은 다 꽃밭이다. 그런데도 나는 그 향기를 맡지 못하고 킁킁댈 뿐이다. 진리를 꿰뚫어 볼 수 있는 혜안慧眼으로 바라볼 능력만 있다면 오염된 마음도 맑아질 수 있을 것인데 말이다. 내 마음이 그러하면 온 세상은 꽃밭이요, 다 향기롭다는 뜻이 아니겠는가. 그 선배님 말씀을 가슴속에 담고 나서부터는 나도 그렇게 할 수 있을지가 이 궁리 저 궁리 숙제로 남았다.

지금부터라도 늦지 않다. 세상에서 좋다는 점을 본받아 실천하며 나잇값을 해야 한다고 다짐한다. 그렇게 산다면 나라고 하는 나무에 어찌 새들이 날아들지 않겠는가.

꼭 한번 다낭

행복에도 등급이 있을까. 무엇이건 숫자로 표시하고 저울로 달아 값어치를 매겨야 직성이 풀리는 세상에 보이지 않는 무엇을 마음에 담으려면 그게 가능할까? 눈에 보이지 않는 삶의 질에도 등급이 있을까. 그것이 창세기 이래 인류적 고민이요 고전적 철학논쟁이라고 한다. 나는 과연 어떤 부류이고 몇 등급에 속할까.

베트남 중부에 한 도시가 있다. 조용하고 아름다워 계절을 가늠할 수 없을 만큼 포근한 다낭이다. 그곳에 한번 가보시라고 권한다. 거기에 가면 그런 형이상학적인 의문이 절로 풀리면서 역사 속으로 빨려 들어갈 것 같은 도시. 인생은 유한하다고 말하듯이 느릿느릿 다낭 시가지를 가로질러 남중국해로 흘러가는 '한강汗江'이 사람 마음을 평화롭게 하는 도시다.

고요한 강물에 뒤질세라 매캐한 '미케My Khe' 해변 갯냄새는 나그네를 설레게 한다. 짙푸른 파도의 울부짖음에 귀가 다 먹먹하다. 이렇게 절절한 물결의 외침이 살아 있는 도시 매력에 풍덩 빠져 천천히 시가지를 걸어 봤다.

쏘다닐수록 묵은 것은 털려 나간다. 그 빈자리에 새로움이 채워지는 것이 여행의 묘미다. 떠돌아다님은 일상의 도피라기보다 색다른 문화를 체험하고 빈 공간에 새로움을 채워 무게를 더해 주는 일이다. 해 넘어가는 황혼을 맛보고 거기서 지나온 인생을 돌아본다면 그게 바로 여행의 참맛이 아닐까. 짐 꾸려 떠나고 싶을 때 마음대로 나다니는 행복지수를 숫자로 점칠 수 있을까. 그래서 여행의 양量은 인생의 양이라고 하는가.

다낭은 사방팔방 물구덩이였다. 인간 세상은 다 험난한 물구덩이 같다지만 전쟁으로 무너지고 해진 곳, 아문 상처가 물구덩이로 변한 도시야말로 우리 인생을 닮았다고 할까. 지난 베트남 전쟁 때 불덩어리가 하늘에서 막춤을 추었던 도시, 그 도시 건물 외벽이 지금은 번쩍번쩍 네온 불빛으로 휩싸였다. 이곳에 언제 총탄이 오간 전쟁이 있었던가 싶다.

미국은 제2차 세계 대전을 치르는 동안 소모한 전력도 크지만 베트남 전쟁에 더 많은 화력을 퍼부었다고 한다. 패권국가 미국이 요구하는 통에 약소국가 한국도 베트남 밀림 속으로 우리 청년들을 몰아넣고 대리전을 치르지 않았던가. 아니나 다를까 부랴부랴 철수하면서 마지막 배를 탄 항구가 바로 다낭이었다. 그처럼 아픈 역사가 서려 있는데도 시가지를 질주하는 오토바이 행렬과 쇼윈도 불빛은 아픈 역사를 잊고 평화스럽기만 하다. 세월은 고난의 청소부요 일체의 치유자란 말이 맞는 것 같다.

고대 그리스 여행 작가 호메로스는 영웅들 여행 모험담이라는 '오디세이'를 남겼다. 그는 넓고 넓은 세상과 기기묘묘한 일들을 흥미진진하게 묘사하여 미지에 대한 호기심을 자극했다. 그런데 다낭이라면 '큰 강이 흐르는 입구'라는 말 그대로 풍부한 수량에서도 풍요로움이 넘쳐났다. 그 풍성한 강물을 가로질러 거대한 용을 조각한 최신형 다리가 그들의 힘과 자존심을 보여 주었다. 그것이 프랑스를 몰아냈고 세계 최강이라는 미국까지 물리쳤다.

나는 관광객답게 대나무로 만든 작고 동그란 배를 타고 물놀이를 해 봤다. 언제 베트남 전쟁 대포소리가 울렸던가. 상상해 봤지만 어디서도 전쟁의 잔재는 보이지 않았다. 노를 젓는 사공들이 내지르는 한국 유행가 소리만 요란했는데도 싫지 않았다. 그네들 목에 총구를 대던 한국을 이젠 우방으로 생각하고 우리에게 무엇 하나라도 배워 보겠다고 접근하고 있었다.

베트남 전쟁 때, 미국은 단기간에 전쟁을 끝내겠다고 장담했다. 세상이 겁내는 미사일을 쏘아 모기를 잡을 것처럼 대들었지만 전황은 그들 마음대로 풀려나가지 않았다. 미국 역사상 미군이 참전해서 참패한 유일한 전투가 바로 베트남 전쟁이었다. 식은 죽 먹거리도 안 돼 보이던 베트남이 거대한 북극곰 같은 미국을 이긴 사연은 세계사에 큰 교훈을 남겼다. 약자라고 해서 반드시 죽으란 법은 없다고 하는 생존논리를 증명한 셈이다.

인간은 결코 적대감을 가지고 살아서는 안 된다. 사실적인 것만 보지 말고 설익거나 썩은 것도 눈여겨보아야 한다는 것을 다낭 여행을 하면서 체험했다. 지난 일을 잊고 우방이 될 수 있었던 것은 바로 저들의 상냥한 미소 때문은 아니었을까. 미국사람에게 죽도록 얻어맞고도, 한국이 미국 편을 들었는데도 그들이 따뜻하게 대해 준 우정이 그리움으로 남을 것 같다.

불덩이가 수없이 공중을 누빈 베트남 전쟁! 나라가 초토화되면서도 힘을 합치면 약자도 강자를 이길 수 있다는 철학을 배우게 한 나라, 영원한 적도 영원한 친구도 없다는 진리를 깨치게 한 다낭. 몇 번을 오고 간다 해도 좋을 다낭의 마지막 밤이 지나가고 있다.

광안리나 나폴리나

여름은 떠남의 계절인가. 내 속에 깊이 눌어붙은 역마살, 그 고질병을 떨치지 못하고 열세 시간을 날아와 이탈리아 나폴리에 내렸다. 이글거리는 태양, 지중해 맑은 물빛에 흠뻑 빠져들고 있다. 세계 3대 미항이요 신도 쉬어간다는 곳, 바닷물에다 무슨 물감이라도 풀었는가. 하늘보다 더 푸른 블루로 내 눈에 일렁거릴 때 문득 우리 동네 광안리 정경이 떠오르는 것은 왜일까.

나폴리 이웃에 폼페이, 소렌토 등지를 차례로 구경하면서 들뜬 마음을 가다듬어 보았다. 그쪽은 한 묶음 관광벨트라고 그들끼리 정했다지만 나그네 눈에는 그게 그거다. 그렇잖아도 내가 만약 사랑에 빠진다면 푸르고 푸른 나폴리 앞바다에 풍덩 몸을 던져도 여한이 없을 것만 같이 동경했던 적도 있다. 한데 막상 이곳에 두 번째 와 보니 생각한 만큼 감흥은 일지 않았다.

그런 덤덤한 지역을 엄청난 역사가 받치고 있다는 사실에는 동의한다. 멀지않은 곳에는 언제 터질지 모른다는 베수비오 화산이 버티고 있는데 어디보다 역사도 깊은 동네였고 지리적으로 특색이 있는 것도 사실이다. 한때 폼페이 시가지를 뜨거운 화산재가 뒤덮어 폐허로 만들었고 그 폐허를 18세기부터 발굴하기 시작했다는 것이다. 자연재해로 세상천지가 쑥대밭이 되었기로 망정이지 어떤 독재자가 수많은 인명을 총칼로 살상하고 폐허로 만들었다면 역사학자들은 어떻게 기록했을까.

특별한 것도 있었다. 나폴리 고운 물빛 속에는 아프리카 쪽에서 목숨을 걸고 넘어온 불법 이민자들의 한숨이 드리워져 있었다. 그들이 시가지를 어슬렁거리는 모습에서 약소국가 비애 같은 그늘이 그네들 얼굴에 나타나 국제정세의 어두운 뒷면을 보는 것 같았다. 어느 테너 가수는 '일렁이는 지중해 물빛을 보았는가'라고 노래했다. 굽이굽이 해안 절벽 풍광에 취한 데다 환상적인 멜로디가 귀를 간질이니 누군들 현실을 잊고 감흥에 젖지 않으리. 그러나 그 노래는 일시적일 뿐 바다 위를 떠도는 밀입국자들의 장래가 걱정되었다.

지중해 험한 물결 위에 가랑잎이 떠돌 듯 하다가 간신히 상륙한 검은 피부 난민들이 어슬렁거리는 모습을 보니 흥겹던 기분이 싹 가시면서 한없는 인간고人間苦가 내 가슴을 파고들었다. 그것 뿐도 아니었다. 카프리섬으로 오가는 페리 선착장 부근은 함부로 버린 쓰레기 더미에다 눈을 씻고 찾아봐도 공중화장실은 보이지 않았다. 있다 해도 문이 잠겨 있었다.

한때 로마제국은 세계를 제패한 자존심이란 것이 있을 터인데 관광객을 배려하지 않는다면 선진국이라고 할 수가 있겠는가. 이런 환경과 상황이 나폴리가 세계 3대 미항이란 이름을 무색케 한다. 신이 존재한다면 기본질서가 빵점이고 인간미가 없어 보이는 시민정신을 나무랄지도 모른다.

내가 사는 부산 광안리 야경은 휘황하다. 밤이 되고 광안대교 난간에 찬란한 네온을 밝히면 바다는 온통 화려함 극치다. 전등만 밝은 게 아니다. 관광객을 배려해서 공용주차장을 만들었고 몇 걸음 걷다 보면 수세식 화장실을 여느 가정집보다 깨끗하게 만들어 놓았는데 화장실 문화가 세계 최고라고 엄지를 세우게 한다. 이것뿐 아니겠지만 세계

3대 미항 타이틀을 이젠 조건 없이 부산으로 내어주는 것이 맞지 않을까.

부산광역시에서는 해양과 조선 산업에 중점 투자하고 있다. 바다의 장래성을 넓혀 나가면서 장차 세계적인 항구로 부족함이 없도록 기본시설부터 신경 쓴다는 것이다. 내셔널 지오그래픽에서는 오륙도, 이기대, 해운대로 이어지는 갈맷길 풍광을 사진으로 찍어 숨 막히도록 멋진 여행지라고 세상에 알렸단다. 전통과 현대를 넘나드는 매력적인 광안리는 신석기 시대까지 거슬러 올라가는 역사가 존재한다고 말이다.

무엇보다 광안대교 아래 요트경기장을 국제화해서 세계인들을 부르고 있다. 그처럼 관광객이 불편함이 없도록 행정당국에서부터 시민에 이르기까지 협심해서 손님을 맞는다는 것을 자랑하고 싶다. 계절을 가리지 않고 호화크루즈가 해운대 앞바다에 떠서 동백섬을 기웃거리는 것도 나폴리에 견줄 바가 아니다. 무엇보다 2030년 세계국제박람회를 부산 일원에서 개최하겠다고 전 시민이 나서서 홍보하고 있으니 관광산업 미래가 어찌 밝지 않겠는가.

광안대교에서 유람선에 오르면 금련산, 금정산, 장산의 아련한 봉우리 곡선이 동양화를 능가하는 부산은 다 관광

명소다. 나폴리나 소렌토에서 느끼지 못하는, 아기자기한 관광자원이야말로 화산 폭발로 폐허가 된 폼페이의 앙상한 대리석 기둥에 비할 바 아니다. 내 밥그릇 속 콩 한 쪽도 먹음직한데 어리석은 자는 언제나 남의 콩이 더 굵어 보인다며 소렌토가 어떻고 나폴리 물빛을 예찬한다지만, 광안리 일대 정경을 모르고 하는 말이다.

햇살을 받아 코발트빛으로 반짝이는 광안리 앞바다! 광안대교 너머 눈이 확 뜨이는 수평선 풍광을 코앞에 두고 그렇게 먼 곳까지 허위허위 달려갔던 나야말로 남의 밥에 든 콩만 부러워한 게 아닌가. 이래저래 따져 봐도 광안리가 나폴리보다 못할 게 하나도 없고말고.

살려만 준다면

가슴이 왜 이리 아픈가. 가슴속 상처에 간장을 바른 것처럼 쓰리기도 하고 따갑다. 여하튼 기분 나쁜 통증이 나를 가끔 괴롭힌다. 내과의원을 개업하고 있는 친구에게 전화를 걸었더니 협심증狹心症 일반적 증상이 그렇다는 것이었다. 그러면서 몸속 혈관이 막혀 오는 증상을 용하게 본다는 어떤 병원을 소개해 주면서 진단을 받으라는 충고다. 친구이기 이전에 전문의사 지시이기에 더더욱 거역할 수가 없고 죽지 않고 살아남으려면 도리가 없다.

그리고 며칠 후 그 병원에서다. 간호사가 시키는 대로 환자복으로 갈아입고 정밀검사를 받기 위해 링거를 주렁주렁 꽂은 채 순번을 기다리며 환자 침대에 누웠다. 그런 와

중에도 태연한 척 애썼는데도 걷잡을 수 없이 자꾸만 두근거린다.

이러다가 불시에 쓰러져 정신을 잃는다든지 내 가슴에다 예리한 칼로 해부라도 하는 것은 아닌지. 난생처음 당하는 일이라 긴장과 두려움으로 몸이 오그라들었다. 이렇게도 겁쟁이였던가. 이렇게도 비겁한 인간인가? 하는 자책이 들기 시작했다.

침대에 누운 채, 병이 생기는 것은 다 이유가 있다고 생각했다. 나 자신을 잘 다스리지도 못하면서 건강에는 자신이 있다고 얼마나 자신만만했던가. 그리고 얼마나 오만했던가. 그동안 그처럼 건방졌기에 이제부터 반성하라고 하늘이 중병을 내린 것은 아닌지 모를 일이다.

하기야 건방진 소행은 그것뿐이 아니었다. 이를테면 동네 약국에 갔을 때 약사가 뭐라 하기도 전에 내가 먼저 약 이름을 대거나 제약회사까지 지정하는 경우가 있었다. 무슨 주사를 놔달라느니 언제 퇴원하겠다느니 내 맘대로 의사 노릇을 하려 들었다.

병을 고치러 온 주제에 전문가 말을 들어 보지도 않고 북 치고 장구 치고 다 해 버린다는 건 참으로 어처구니없는 일이다. 그처럼 턱도 없이 나부댄 벌을 오늘 마침내 받는

구나 생각하니 후회가 되고 부끄럽기도 했다. 그런저런 생각을 하다 보니 검사준비가 완료됐나 보다. 그 병원 바퀴 달린 침대는 사람을 기분 나쁘게 만든다. 그리로 옮겨 눕는 순간 중환자가 돼 버린 기분이다. 검사실까지 가는 길은 불과 1분도 걸리지 않았는데 무척 길게 느껴진다. 간호사들끼리 주고받는 대화에다 침대 바퀴 구르는 소리에 잔뜩 긴장되어 손을 이마에다 대고 눈을 감은 채 무사하기를 빌 수밖에 없었다.

그 순간 고독을 뼈저리게 실감한다. 내 옆에는 아내가 걱정스러운 얼굴로 내려다보고 있지만 그래도 나는 외롭다. 이 세상 그 누구도 나를 대신해서 병을 앓아 주거나 죽어 줄 사람은 없다. 그러기에 인간은 가족과 친구들에게 둘러싸여 있다고 해도 결국은 외롭게 떠 있는 무인도처럼 고독한 존재일 수밖에 없다는 사실을 절감케 된다.

감았던 눈을 다시 떠 본다. '심혈관 촬영실'이란 생전 처음 보는 간판이 눈을 부릅뜨고 내려다본다. 옆으론 온갖 수술 장비들이 금방이라도 덮칠 듯이 바라보며 "네 이놈! 잘 만났다." 하는 것 같았다. 이 나이가 되도록 살면서 지은 죄가 크고, 잘못한 것이 너무 많아서 불시에 그 죄목들이 다 생각이 나지 않는다. 알고도 지은 죄, 모르고 지은 죄가 그 얼마이던가.

평소에는 예수님도 부처님도 믿지 않던 주제에 위급할 때가 되면 하느님이나 부처님을 찾아봤자 소용이 있겠는가. 인간은 대개 그처럼 염치없는 존재인 탓으로 병원에서 한 번씩 검사를 받을 때마다 지난날을 후회하고 또 스스로 반성하는 것 같다. 그런 의미에서 병원이란 단순히 육신의 병을 치유하는 곳이 아니라 일종의 마음 닦는 학교 같은 곳이 아닐까. 내 삶을 나 스스로 만들어 가야 한다는 다짐을 하고 과거를 되돌아보는 장소로 병원만 한 곳이 또 있으랴.

검사가 끝났다. 나는 판사의 선고를 기다리는 죄수 꼴이 되어 있었다. 담당의사 말 한마디로 사형선고를 받을 수도, 아니면 하루아침에 중환자가 되는 순간이다. 정말로 중병에 걸렸는지 앞으로 얼마나 더 살 수 있는지 환자는 의사 처분을 기다릴 수밖에 없다. 그런 신세니까 어느 절대자 앞에 꿇어앉은 것처럼 나는 자꾸만 작아지는 기분이다. 살려만 주신다면 앞으로는 착한 사람이 되겠다는 다짐을 하면서 검사 결과를 기다렸다.

담당의사는 겁먹은 나를 바라보고 빙그레 웃으며 별로 걱정할 것 없단다. 환자 종류로는 금방 목숨이 떨어져 흰

천을 덮어 냉동실로 들어가는 사람이 있고 원인을 찾아 수술을 하면 목숨만은 부지하는 환자가 있단다. 마지막으로 알약 처방만으로도 회복될 수 있는 환자가 있는데 그중 알약을 먹는 환자로 분류해 주었다. 알약 두 개라는 판정을 듣는 그 순간처럼 행복한 적은 일찍이 경험해 보지 못했다. 그러면서 이 우주 공간 모든 생명체들이 하나같이 건강하기를 빌었다.

그 병원 바퀴 달린 침대에서 열 권도 넘는 어떤 종교 경전을 속으로 다 읽었지 싶다. 내 몸속 핏줄이 막혔는지 아닌지 검사를 받는 그 짧은 시간은 이제껏 가장 긴 기도를 올렸던 한나절이었다.

제3부

아모르파티

법당 앞에서

산바람이 휑하게 인다. 고즈넉한 금정산 오솔길에 쌓인 눈을 보는 눈이 시리다. 우수를 앞둔 때라 앙상한 나뭇가지도 봄을 가득 담으려는 등걸마다 아지랑이를 머금었다. 땀에 젖은 등산복을 여미며 어느 절간으로 들어가는데 일주문 기둥은 단단한 대리석을 깎아 두 다리를 세웠는데도 '후' 불기만 해도 금방이라도 쓰러질 것 같아 불안하다. 내가 진정한 불자가 아닌 탓인가.

그랬다. 어쩌다 욕심을 채우려 드나들면서 그때마다 만담정회가 이는 건 무엇 때문일까. 죄진 무지렁이들에게 두 눈을 부릅뜨고 내려다보는 사천왕 앞을 지날 땐 바늘 끝만큼이라도 죄업이 있을까 봐 옷깃을 여미고 두 손을 모았다. 알게 모르게 죄를 지었다면 이처럼 자세가 낮아지는가. 무엇이 나를 이끌어 언젠가 목을 축이러 왔던 법당 뒤 석간수를 찾아 갈증을 풀 심산으로 돌계단을 한 발 한 발 오르고 있다.

산사에서 마시는 샘물 한 모금은 그야말로 감로수다. 삽시간에 갈증이 멎고 마음속 조급증까지도 사라지는 건 부처님 자비 덕분인지. 그제야 또렷하게 들리는 목탁 소리, 은은한 향냄새에 평소 느껴 보지 못했던 안온함이 밀려온다. 샘물 한 바가지로 내 욕심을 채우고 나니 저 아래 시끄러운 세상에서 저지른 죄업에 속죄하는 마음이 스르르 인다.

그제야 대웅전 기둥에 등을 기대고 서 본다. 땀이 식어 서늘하던 등이 따뜻해지는 걸 보면 굳이 법당 안에 들어가 백팔 배 흉내를 내지 않아도 부처님 자비를 듬뿍 받은 것은 아닌지. 대웅전에 높이 달린 풍경 소리가 목탁 소리보다 더 크게 들릴 때 법당 안에서 일을 보던 보살님이 어서 들어오라고 은근한 미소를 보낸다. 내가 법당 앞에서 미적거리기만 하다가 무슨 급한 일이 있는 것처럼 바삐 돌아갈 사람으로 보였던가.

그런데도 금방 발길을 돌리지 못하는 걸 보면 부처님 품에 안긴 것이 틀림없다. 샘물 한 모금으로 갈증을 풀었다면 그것도 부처님이 중생을 구제한 것은 아닐까. 어찌 눈에 보이는 것만이 자비라고 할 것인가. 언젠가 어느 불교 모임 법문강좌에서 '서두르지 말라'던 가르침을 되뇌어 보면서 서두르다가 일을 그르친 적이 한 두 번이 아니었음을 떠올린다.

스님 독경 소리에 귀를 열고, 오감을 열고 살금살금 걷는데도 대웅전과 비로전 팔작지붕 고풍스러움이 어느새 내 마음을 붙잡는다. 하늘을 날듯이 날렵한 곡선의 기와지붕이 단아하고 간간이 울리는 풍경 소리는 평화롭게 들린다. 온갖 욕심 부스러기가 비늘처럼 떨어져 나가는 듯 경건한 마음이 되었지만 아직도 그 깊은 뜻을 이해 못하고 주차장에 둔 주차비 걱정만 했던 것은 아닌지.

부처님 전에 삼배라도 올리면서 내 존재의 간절한 의미를 빌어 본 적이 없으니 불심이 얕은 것은 분명하다. 부처님은 우리 주변에 무수히 있다고 하는 말은 무슨 의미였을까. 어쭙잖은 생각으로는 도무지 종잡을 수 없고 내 행동에는 '빨리빨리'가 체질화되었으니 그저 답답할 뿐이다.

언젠가 어느 교회에서 거행했던 결혼식에 참석한 적이 있다. 목사님이 예식을 집전하고 있는 동안 나는 연신 바쁜 척 시계를 들여다보면서 교회당을 빠져나갈 궁리만 했다. 마음은 조급했지만 주위는 엄숙해서 어쩔 수 없이 찬

송가를 따라 불렀지만 상당한 고역이었다. 나는 기독교 신자도 아니고 그렇다고 진정한 불자도 아니기에 마음의 갈등이 문득 법당 앞에서 떠올랐던 것이다.

명색이 축하객이라면서 예식을 집전하는 동안 조급증을 느낀다는 것은 부끄러운 일이다. 태연한 척 멋쩍게 축가를 따라 불렀던 일은 내게 '매사에 진지하여라'라는 경구驚句를 되새기게 했다. 성스럽고 엄숙해야 할 시간을 참지 못하고 안절부절못했다는 것은 교회에서든 법당 앞이든 성실치 못한 마음가짐이라 하지 않을 수 없다.

스님 독경을 들으며 삼배도 올리고, 예배시간 풍금 소리에 축가도 따라 부를 줄 알아야 한다. 그래야 비로소 인생의 쓰고 단맛을 조금이나마 알게 될 것이다. 산사에서 샘물 한 모금에다 대웅전 지붕의 곡선이 지닌 의미는 인생을 유유하게 살아가라는 암시인 것 같다.

그날 법당 앞에서 들려오던 풍경 소리는 스님 법문이었다. 설치거나 성급하지 말라는 가르침이 틀림없었다. 저만치 내려가는데도 부처님은 여전히 미소 지으며 내게 손을 흔드는 것만 같다. 주차장에서 내 승용차를 찾아 출입구로 바삐 나오니 관리원이 주차비는 무료라며 빙그레 웃는다.

법당 뒤에서

계절의 여왕 오월이다. 화사한 아카시아 향기에 취한 들꽃이 속살까지 드러내며 자태를 뽐낸다. 하도 고와 무슨 미인 대회장에 온 것처럼 황홀하다. 초여름 신록은 푸르다 못해 진초록이다. 초록 잎사귀가 점점 할 일이 많아지는 계절인지라 내 시야에 드는 무엇이든 활발해 보인다. 얼마 전까지만 해도 엄동설한 칼바람 후유증이 컸는데 나날이 푸른 기운을 토해 내는 것을 보니 자연의 신비함이랴.

토요일 오후 집 근처 금련산에 올랐다. 부산진구, 연제구, 수영구, 부산남구에 둘러싸인 도심 속 413m 우뚝한 봉우리라 등산객으로 붐빌 줄 알았는데 오히려 조용하다. 이 길은 그저 마음속에 무거운 짐을 진 것처럼 무엇에 억눌릴 때 걸었던 길이다. 이왕 나섰으니 정상에 있는 봉수대까지 돌아오자는 생각으로 쉬엄쉬엄 걸었는데도 이것저것 살피지 못하고 걸었다.

얼마 전, 무릎 연골이 고장 났을 때 한동안 등산지팡이를 짚고 다녔는데 그냥 다니는 것보다 한결 도움이 되었다. 오늘은 등에 진 배낭도 없이 홀가분하게 나선 길이지만 별 아쉬움은 없다. 한참 오르는데 나를 앞질러가는 청년들이 힘들이지 않고 나무계단을 두어 칸씩 껑충껑충 뛰어오른다. 그들 젊은 모습은 녹음 짙어가는 5월의 풋풋함을 닮아 천천히 걸어 오르는 나에게 세월의 덧없음을 실감하게 한다.

사는 것이 팍팍할 때면 무엇에 기대고 싶은 마음이 들기 마련이다. 몸이 말을 듣지 않으면 지팡이에라도 의지하듯이 마음이 아프면 종교의 품에 안긴다고 했던가. 나도 예외는 아니어서 실타래처럼 꼬인 문제에 답을 찾지 못해 고민하다가 파국의 순간을 가까스로 넘긴 적도 있었다. 그럴 때 오솔길이나 해안가를 걷다 보면 자연에서 받는 영감이 심리적으로 편안함을 주어 손상된 정신건강을 채워 주는 것 같았다.

부산 시가지를 내려다보는 금련산은 골이 깊거나 그다지 높은 산은 아니다. 완만한 능선을 따라 호젓한 암자에서 종소리라도 들린다면 쉬었다 갔으면 좋을 그런 길이다. 광안대교가 저 멀리 내려다보이는 벤치에 앉아 그런 상념에 한동안 잠긴다. 거기서 다시 정상을 향해 걷다 보면 꼭

대기 봉수대까지는 손을 뻗으면 닿을 만한 거리여서 잠시 바람 쏘이기 좋은 곳이다.

지난날 사업이 꼬일 때나 아이들 입시를 목전에 두었을 때 아내는 절을 찾아 불공을 드리러 다녔다. 나는 진실한 불자도 못 된 반거충이인지라 운전기사 노릇을 하면서 아내가 치성 드리는 동안 그저 법당 뒤에서 기다렸다가 함께 돌아오곤 했을 뿐이다. 사람은 누구나 불성佛性을 지닌 존재라고 한 때문인지 살아 있는 모든 것은 다 불성을 지녔다는 것이 불교의 절대평등 사상이라고 한다. 사실 우리 인간의 삶이 고달프고 서로 으르렁대며 갈등함도 '나와 너'라는 분별심分別心 때문일지도 모른다.

요즘 스마트폰 카톡으로 시도 때도 없이 사연을 주고받는다. 알고 보면 그것도 결국 허욕이나 분별심 연장이 아닌가 생각하는데 내 좋으면 남도 좋으려니 하고 잘못 판단한 결과가 아니고 무엇인가. 옳다고 생각하는 것을 상대방도 그렇다고 생각하는 자체가 독선이며 아집이 아닐까 하고 반성하며 저 아래 시가지를 내려다본다.

요즘은 사람 사이 가치관 충돌이 비일비재하다. 그래서 극심한 갈등으로 세상이 두 쪽이 날지도 모를 혼란한 지경에 이르기도 한다. 상대의 입장을 무시하고 일방적인 사연을 보내고도 태무심한 척한 것은 큰 잘못이다. 뒤늦게 안 일이지만 카톡을 받은 친구가 민감한 반응을 보였을 때 어찌나 미안하던지. 그 즉시 사과 전화를 올리고 실수했음을 빌었다.

그런저런 생각에 잠겨 걷는다. 앞으로는 모든 집착과 독선에서 떠나는 삶을 살도록 힘쓸 것이다. 오솔길 정상까지 올라 답답했던 마음을 날려 보내야지. 뒷동산일지라도 산을 오른다는 것은 어두운 눈, 탁한 귀를 씻어 주는 일이나 다름없지 싶다.

누가 그랬다. 절에 가서 두 손을 모으고 부처님 전에 삼배를 올리는 마음가짐이나 탑돌이 하는 것은 허욕명상을 버리고 청정심淸淨心을 갖겠다는 염원이라고. 살다 보면 워낙 많은 죄를 지어 법당 안에는 못 들어가더라도 대웅전 뒤를 돈다는 것은 지은 죄를 참회한다는 뜻이 담겼다고 봐도 될까.

나같이 미욱한 중생도 덕지덕지 붙은 잘못을 깨달아 보려고 심호흡을 한다. 동네 뒷동산이지만 어느 큰 절 법당 뒤를 돌고 온 것처럼 생각도 다짐도 많았던 하루다.

법당을 오르며

한 해를 맞이하는 음력 정월 초닷새다. 해 뜨기 전에 집을 나서 경남 합천군에 위치한 해인사로 향한다. 솔 향내 밴 에너지가 통째로 굴러들어 올 것 같은 이런 좋은 날, 특별한 새해를 맞이하고 싶은 생각이 왜 없겠는가. 불심이 깊지 못한 나로서는 정초부터 부처님을 찾아간다는 게 웬만큼 작심하지 않고서는 어림없는 일이다.

소원을 빌거나 삼배를 드리러 간다기보다 아내의 운전기사를 자처해서 따라나선 쪽이다. 우리 집 실세에게 고분고분하면 불국정토요, 삐딱하면 삼시 세끼를 해결하는 데 지장이 있을 것 같아 의무적으로 따라나선다. 깊은 산골 주차장 치고는 의외로 붐빈다. 정초인지라 화엄대찰을 찾아 삼사순례를 나선 꽃 보살들이 관광버스로 단체 참배를 온 때문이다.

그날 승용차를 운전해 고속도로를 달려올 때였다. 뒤따라오던 차가 내 꽁무니에 바짝 붙어서 두 눈을 부릅뜨고 밀어붙이는 형국이라 내심 불안했다. 부처님을 찾아가는 길에 쏜살같이 내달려야 할 이유가 있던가. 추월해 가라는 신호를 보냈더니 두 눈을 깜빡이며 지나간다. 그러자 어느덧 초조감이 사라지고 편안해진다. 자신을 관조하고 그 본분을 지켜야 한다는 뜻의 '지족知足'이란 단어가 퍼뜩 떠오른다.

해인사 일주문은 청정도량 가람답게 고즈넉하면서 저 아래 시끄러운 세상을 걱정하는 표정이다. 예전에 잿밥에 관심을 두고 오르내릴 때는 현판 글자가 눈에 들어오지 않았다. 이날은 모든 진리가 하나임을 나타낸다는 뜻을 어렴풋이 알게 해 준다. 고개를 젖혀 자세히 읽어 보니 '사인해산야가寺印海山倻伽'라고 굵은 글자로 새겨졌는데 거꾸로 배열이다. 높은 문을 지난다는 것은 머리 숙임이란 뜻도 있겠지만 소소한 잡념을 여기서부터 내려놓으라는 뜻이리라.

해인사가 어떤 절인가. 법당을 향해 한 걸음 한 걸음 계단을 오르면서 심호흡을 하다 보니 인생사 번뇌가 죄다 내 마음속에서부터 시작된다는 생각이 든다. 모름지기 불교 경전을 들먹이지 않더라도 자기 분수를 알면 어리석음이 사라지는데 그게 바로 지족이라고 했다지 않은가. 무작정 가던 길도 멈춰 서서 숨을 고른 후에 발걸음을 옮긴다면 매사에 신중해진다고 가르치는 것 같다.

이런 것이 바로 분수를 지킨다는 지족이구나 싶다. 아내가 부처님 앞에서 염주를 돌리고 있는 시간에 나는 법당 뒤에 서 있기만 했는데도 편안한 마음이 인다. 더없는 마음으로 경내를 돌아볼 때 억겁 세월을 머금은 해인사 뒷산 가야산이 아름답게 다가온다. 간밤에 내린 눈을 인 솔과 대나무, 이끼 낀 바위까지 엄숙하다. 절 마당을 지나가기만 했는데도 내 오감을 사로잡는 것 같다. 댕그랑! 댕그랑! 팔만대장경을 품은 법보전法寶殿 처마 끝에 달린 풍경이 꼿꼿한 내 자세를 더 낮추라고 질타하는 소리가 분명하다.

인간이 아둔함에서 못 벗어나는 이유는 무엇일까. 남보다 앞서야 하고 좀 더 많이 움켜잡아야 하는 욕심과 집착 때문이라면 그 허욕을 칼로 베어내듯이 없앨 수는 없을까. 그것을 멸滅이라 하면서 대해탈의 길이라고 팔만대장경에도 새겨져 있다고 한다. 절 마당에서 청정도량을 구경만 해도 속세에서 묻은 때가 조금이나마 씻겨 나가는 기분이다. 지금 이 순간 알량한 깨침이 팔만대장경 경판 각자처럼 새겨지기를 바란다.

어느덧 짧은 해가 설핏 기운다. 어정거리는 내 그림자가 대빗으로 곱게 쓴 법당 마당에 드리울 때 나도 모르게 합장한다. 어리석은 중생의 소원이 이뤄지기를 빈다. 이래서 절에 가면 저절로 깨달아지고 불심이 인다고 했던가. 내 안에서 일어나는 지족이란 말을 새기며 허리를 굽혀 두 손을 모은다. 옴마니반메훔!

인각사麟角寺

부산을 떠나 나들잇길에 올랐다. 경주~영천~상주로 가는 고속도로를 달려서 신령IC에 내리니 가을 하늘이 한없이 푸르다. 세상을 다 품은 기분이다. 경상북도 군위군에 위치한 인각사麟角寺를 금방 찾았다. 불자들 시주가 많은 절에 비해 불사가 원만치 못하다 보니 거기는 뭣 하러 가는가 하고 핀잔을 줄지도 모른다. 하지만 나대로 의미가 깊어 여기를 가끔 찾곤 한다.

오래된 절을 찾는다면 웅장한 건축물을 떠올리기 십상이다. 나는 작은 것을 구경하고 큰 것을 얻으려는 욕심쟁이가 아니라 초라하기 이를 데 없는 절을 찾아와 크게 감동을 받았던 터다. 인각사는 보각국사 일연一然 스님이 삼국유사를 집필했다는 절이 아닌가. 더구나 삼국유사라! 그 어른 명성과 세상에 남긴 작품에 비해 건물 자체는 초라하지만 그게 아니다. 독자들이 어찌 내 마음을 알겠는가 싶다.

위치만 해도 그렇다. 심심산골 풍광이 수려한 지역도 아니다. 시골 동네 밭둑에 위치해서 찾는 이가 많지 않은 절이다. 오래전에 그곳을 찾아가 법당 뒤편에 자리 잡은 보각국사 비碑를 만나보고 아! 하는 작은 감동이 일었던 곳이다. 작은 것을 탐탁하게 여기지 않던 못난 버릇 탓에 작은 절은 찾아볼 생각조차 아니했던 터다.

나는 굵고 잘 익은 과일만 손아귀에 들었다. 낚시를 하면서도 자잘한 놈은 눈에 차지 않는 성미였다. 인각사에서는 깨어져 초라한 비석을 마주하는 순간 안타까움을 금할 수가 없었다. 반쪽이 아니라 삼분지 일만 남은 것도 천만다행이었지만 어찌나 낡고 마모가 심한지 글자조차 희미했던 그 비석.

저토록 낡아 버리다니! 돌에 글자를 새긴 비석이라면 영원을 꿈꾼다. 천년만년 오랜 세월을 견디라는 염원이 새겨졌으리라. 세월의 무상이라기보다 인간의 손으로 저지른 인재人災 앞에서 고개 떨구었다. 풍화작용에 의한 자연마모가 아니다. 사람들이 하도 탁본拓本을 떠가는 통에 망가진 것이란다.

비문을 지은 사람은 민지閔漬라는 분이다. 그 당시에도 최고 문장가였다. 거기다가 새겨진 글씨는 만고명필 왕희지가 쓴 글자였다. 그분이 돌아가시고 이 세상에 여기저기 남아 있는 그의 유필遺筆을 한 글자 두 글자 찾아내어 한곳에 글자를 모아 집자集字한 것이다. 멀리 중국에 사람을 보내 왕희지가 남긴 글씨를 모아다 비석을 만들었을 때만 해도 그 비석은 화려했다고 한다. 그렇듯 명문장가 글에다 만고명필로 새겼으니 대단한 것임에는 틀림없었다.

그런데도 사람들은 깨어진 비석에 불과하다고 눈길을 주지 않았단다. 아무 가치가 없다고 외면했다. 언제부터인지 그 비문을 가지고 있으면 과거에 급제한다는 소문이 나돈 통에 경향 각지 사람들이 이곳을 찾아와 다퉈가며 탁본을 떠갔단다. 너도나도 먹칠을 하고 빗자루로 두들겼으니….

어떤 가문에서는 오 형제가 인각사에서 아예 단체로 머물고 시주를 해서 다섯 명 모두 급제했다고 한다. 부처님께 공양드린다는 핑계로 탁본 뜨는 일로 시간을 보냈다니 뜻한 바 대업을 성취했으리라. 돌 아니라 쇠붙이라도 독한 먹물을 먹이고 두들긴다면 망가지지 않고 어찌 배기겠는가.

그러고 보면 세상 사람들이 명문장과 명필에 매혹되어

날고 싶은 마음일 것이다. 무엇이 중요한지 모두들 속셈을 흐리게 했다. 글 잘 짓고 글씨를 잘 쓰면 그 자체가 존경의 대상이었으니 부처님 앞에서 잘못에 대한 참회보다 내 욕심을 채워 달라며 빌고 비는 게 아닐까.

예로부터 신언서판身言書判이라 했다. 얼굴 잘생기고, 글씨 잘 쓰면 그를 곧 군자로 치부했던 것이다. 누구든 자신을 갈고 닦질 않는다면 무엇이든 이룩할 수가 없기 때문에 비석 탁본이나마 떠서 자신을 다그쳐 보려는 안간힘이지 싶다. 탁본은 못 뜨더라도 손바닥으로나마 쓱싹 문질러 본다면 필체가 좋아지고 실력이 향상되어 선남선녀 반열에 오를 수 있을까. 이도 다 부질없는 욕심일 것이다.

인각사라! 나는 낯선 곳을 찾아갈 때 그곳 자연환경에 자신의 처지를 곧장 비춰 본다. 누구도 듣지 못하는 소리를 듣는다든지 보고도 보이지 않는 것을 찾아내야만 본전을 뽑는다고 믿으며 또다시 찾아오겠다는 다짐도 한다. 필시 먹물을 뒤집어쓰고도 인고의 세상을 바라보기만 하는 깨어진 비석 한 조각 안부 때문일 것이다. 인각사라!

아모르파티amor fati

독일 철학자 니체는 뜻깊은 말을 남겼다. 팔자나 운명을 탓하지 말고 정면으로 돌파하라는 '아모르파티amor fati', 다른 말로는 운명애運命愛 이론이다. 자기에게 지워진 운명을 받아들이고 그것을 사랑하는 것이 운명애다. 참고 견디는 것이 아니라 어려움을 적극적으로 달려든다면 극복할 수 있다는 말이다. 그 말을 듣는 순간 정신이 번쩍 들었다.

나는 우리 집안 8代 종손宗孫이다. 더러는 주손胄孫이나 장손長孫이라 하기도 하지만 글자 한 자만 다를 뿐 역할은 비슷하다. 배우는 햄릿이나 리어왕 역할을 해봐야 1급 연기자 반열에 오를 수 있다고 한다. 유교사회에서도 이를테면 종손을 특급 배우 이상으로 예우한다. 그만큼 역할이 중요하며 하는 일도 많고 대우를 받는 만큼 리더십도 강해야 한다.

몇 해 전에는 이런 일도 있었다. 내가 제사 지내고 묘지를 관리하는 윗대 조상유골 18위位가 남의 소유 땅에 묻혀 계셨다. 하지만 우리 집안 어느 누구도 까맣게 모르고 있었다. 윗대 어른들도 그런 사실을 모르고 해마다 벌초하고 제사 지내다가 어느덧 그 어른들은 고인이 되었다. 아니나 다를까, 지난 2013년 3월에 내 조상 묏자리가 자기네 땅이라고 주장하는 토지 소유자가 나타나 비워 달라고 하는 것이었다.

우리 가문은 300여 년간 역사를 가진 탓에 선대를 모신 선영이야말로 단순한 묘지가 아니고 문중의 자존심과 명예가 걸린 성지나 다름없다. 그런 곳이 생판 모를 남의 땅이라니 기가 찰 노릇이었다. 이 일을 어떻게 할 것인가? 그렇다고 어영부영 미루거나 피한다고 해결이 될 일도 아니었다. 이럴 때 우리 가문 운명은 내 능력에 달렸다고 해도 과언은 아니었다.

대법원 판례에는 남의 땅에 묘지를 쓰고 20년이 경과하면 취득시효가 완성되므로 비워 주지 않아도 된다고 돼 있다. 그러나 법은 법이고 순리적으로 푸는 것이 상책이어서 그들과 정면 돌파하기로 작정했다. 내 윗대 조상들께서 남의 땅에 무덤을 쓰게 된 이유가 반드시 있을 것이므로 산

주부터 만났다.

나는 토지를 제값 주고 구입하는 것이 순리라고 생각하고 머리를 맞댔지만 터무니없는 값을 요구해서 좀처럼 대화가 성립되지 않았다. 더구나 조상 유골이 흥정의 대상이 될 수 없기 때문에 흥정으로는 해결이 될 수 없다는 판단이 섰다. 나는 깊숙이 간직했던 토지문서를 찾아서 지번을 확인하고 경계측량을 신청했다. 아니나 다를까 묘지 인근 200m 지점에 조상들께서 구입했던 토지가 존재했다.

궁하면 통한다는 말이 있듯이 묘지 이장을 전문으로 하는 업체를 물색해서 그 자리에 묘지를 조성하기로 설계도를 맡기고 밤낮으로 뛰었다. 칠성판, 삼베, 한지 등 장례용품 일체를 구입하고 드디어 묘지에 굴삭기 굉음이 울렸다. 그동안 주손인 내가 제사를 모셨던 아버지, 조부조모, 증조부증조모, 5대조부모, 6대, 7대와 최존위最尊位이신 8대 조부모까지 한 위 한 위 아랫대代부터 차례대로 18위 유골을 수습했다. 한 기基의 묘지를 이장하기도 힘든데 열여덟 분 유골을 정성들여 옮겼다는 데 은근히 자부한다.

오랜 세월의 무게로 유골은 벌써 진토가 되어 있었다. 한 줌 흙이나마 옮겨 담아 삼베로 감싸는 일에 며칠이 걸렸다. 그럴 때 문득 과공비례過恭非禮라는 말이 떠올랐다. 효도도

지나치면 오히려 불효가 될 수도 있다는 뜻이다. 자연을 훼손해 가며 묘역을 넓게 잡아 거북이 등에 비석을 세우고, 호화롭게 꾸밀 수도 있었지만 나의 생각은 달랐다. 평평한 무덤으로 한자리로 모셔서 국립묘지에서처럼 봉분 없는 형태로 모셨다.

1570년 음력 12월 8일, 퇴계 선생께서는 임종하면서 소박한 돌에 간소하게 묘비명墓碑銘을 새기도록 유언을 남겼다. 묘소를 왕릉처럼 꾸민다고 해도 모자랄 동양의 대석학大碩學이었지만 그처럼 소박하게 꾸민 일은 두고두고 본보기가 될 훌륭한 일이다. 그런 겸허한 말씀을 따르고자 허례허식과 번거로운 제사의 폐단, 묘지관리 어려움을 혁신하고자 백방으로 뛰었다. 특별한 자격증을 가진 사람처럼 온몸으로 고민하고 온몸으로 겪으면서 퇴계 유언을 그대로 본받았다.

그러고 보니 이번에 조성한 선영은 그야말로 후손들 부담을 가볍게 하고 효도의 새로운 개념을 구현한 본보기가 되어 자부심을 갖는다. 아모르파티! 운명을 거부하지 않고 우리를 덮치는 어려움을 적극적으로 받아들인 아모르파티 결과물인 우리 가문 조상묘지! 견학하고 싶은 분께는 언제든지 구경시켜 드릴 용의가 있다고 말씀드리고 싶다.

갑질甲質

한 해가 저문다. 달랑 한 장 남은 달력이 마음을 서글프게 한다. 어느덧 세모가 가까워지니 인생의 속도가 화살과 같다는 광음여시光陰如矢란 옛말이 실감난다. 송년모임이니 뭐니 하면서 공연히 바쁘게 다니는 것도 알고 보면 허망한 세월을 바쁜 척하며 잊어 보려는 안간힘이 아닌가 싶다.

지난 한 해야말로 옹기 굽는 가마처럼 뜨거웠다. 정말이지 견디기 힘든 여름이어서 눈 내리는 동지섣달이 그리울 정도였다. 더위가 기승을 부리니 모기란 놈들도 유달리 극성을 떨었다. 하루는 엎치락뒤치락하다가 늦게 든 단잠이라 정신없이 자고 있는데 모기란 놈이 갑자기 '앵, 앵!' 하고 얼굴 위로 날아다니며 유난히 귀찮게 했다. 덥기도 했고 가물었던 탓으로 하루살이 개체수가 늘어나더니 입추가 지나 선선한 바람이 불어도 시절을 모르고 고공비행을 해대며 성가시게 했다.

이럴 때 눈 감고 잠이나 꾹꾹 자야 할 텐데 나는 그런 위인이 못 된다. 벌떡 일어나 더듬더듬 전등 스위치를 눌렀다. 하루살이 주제에 제깟 놈이 날아가 봐야 어디로 도망가겠는가. 녀석들 생애를 우습게 생각하고 이곳저곳을 수색하다가 드디어 벽에 붙은 놈을 발견하는 순간 살의가 발동했다. 언젠가 쓸모 있지 싶어서 한쪽에 걸어 두었던 파리채를 집어 들고 탁! 단칼에 내려치고는 이 세상을 품에 안았다.

그러자 하얀 이불 위에 버둥버둥하는 몸뚱이가 나뒹굴면서 장엄한 최후를 마친다. 함께 살아 보자고 내 침실을 방문했을 터인데 나만 잘 살아 보자고 살생을 하고 말았다. 미물인 모기에게 갑질을 한 것은 아닌가 하는 생각이 들면서 다시 누웠지만 잠이 쉬 오지 않았다. 이건 힘센 자가 약자에게 저질렀던 부당한 폭력행위였기 때문이었다.

하루는 뒷동산에 올랐다. 구절초가 길가에 피어 수수한 아름다움을 뽐내고 있었지만 어디에 무엇이 있는지도 모르고 앞만 보고 걸었다. 숲도 우거지고 들꽃도 피었는데 이리저리 눈길을 주며 걸어야 감성이 살아나고 에너지까지 솟아날 터. 늦가을에 핀 수수한 들꽃이 환영하는 것은 분명 축복이었음에도 뭐가 그리 바쁘다고 무심히 오르내렸던지.

이런 내 마음이야말로 평상심은커녕 겸허함을 배우지 못한 탓이다. 화려한 것은 눈에 보이지만 수수한 것은 보이지 않았던 것이 탈이었다. 아무짝에도 쓸모없다는 고정관념을 머릿속에 가득 채웠으니 잠잠한 존재인 야생화 따위라고 눈길 한번 제대로 주지 않았던 것이다. 이렇게 존재의 가치를 모르는 것이 갑질이 아니겠는가, 뒤늦게나마 그런 생각이 들었다.

눈 아래로 보이는 것일지라도 눈높이 이상으로 보며 잡초는 잡초대로 미물은 미물대로 한 번쯤은 관심을 두면서 걸어야지. 무엇이 그리 중요한지 무심하게 지나친 내 정신세계야말로 참으로 삭막하다는 판단을 하게 되었다.

세모일수록 시국은 더 시끄럽다. 한 해를 결산하는 10대 뉴스니 뭐니 연일 불안한 사건들을 토해 내더니 그도 부족해서 한국 사회 갑질에 대해서 뉴욕 타임스에서도 보도했다고 한다. 망신살이 뻗쳐도 유분수지 영어도 아닌 순 한글로 '갑질'이란 두 글자로 크게 써서 전 세계를 향해 흉을 봤다는 뉴스에 할 말을 잊고 멍한 상태가 되었다. 이 세상의 모든 것, 생명 있는 모든 것은 선성善性을 가진 귀한 존재로 보아 사랑으로 쓰다듬어 줄 일이다. 세상 어디에도 갑과 을은 있다고 하지만 너 같은 것쯤이야 하는 무시는 오만이면서 바로 그 자체가 갑질인 것이다.

그러구러 섣달이다. 서민 입장에서는 건설적이고 희망찬 뉴스를 듣는다 해도 섭섭한 마음을 가누기가 힘들다. 엄청 쌓아 두고 누리는 자가 약자를 못살게 한다는 것은 슬프고 맥 빠지는 소식이다. 작년 이맘때도 그랬지만 밝아오는 새해에는 좋은 소식만 들을 수 있으면 좋겠다. 거기다가 좀 더 겸허하게 살아야 세상도 나를 업신여기지 않겠지. 한 해가 저무는 즈음에 해 보는 다짐이다.

변신

사람이라고 해서 다 사람이 아니다. 사람이 사람다워야 사람이니까 사람답게 산다는 게 그만큼 힘든 일이다. 탯줄을 달고 태어나는 순간에도 배우려고 발버둥 치고, 밥숟갈 놓을 때까지 사람 구실을 하면서 살아야 한다. 그만큼 사람 되기가 어렵다는 것이다.

이를테면 명태는 덕장에서 한겨울 칼바람을 견뎌내야 비로소 황태가 된다. 국화꽃은 가을바람을 맞아야 색상과 향기가 짙어진다고 하는 말과 다를 바 없다. 넓고 깊은 생각에다가 인간으로서 한 단계 성숙하기를 바라는 마음에서 남의 말도 잘 듣는 것이 변신變身이 아닐까.

조선시대부터 관례冠禮라는 행사가 전해 온다. 남녀 아이들이 일정한 나이가 되면 남아는 도포에다 갓을 썼고 여아는 머리에 가르마를 타고 쪽을 틀어 어른이 되었다는 성년식을 올리는 전통이 있었다. 갓을 쓰는 순간부터 인격체로 인정받았고 쪽을 트는 그때부터 몸가짐을 정숙하게 해야 어른의 단계에 든다는 것이다.

나도 어느 때부터 변신을 해 보고자 어머니께서 장만해 준 도포에다 갓을 장만한 사람 중 하나다. 지난 1999년에 상당한 가격을 지불하고 인간문화재가 만든 명품 갓을 구입했다. 내가 생각해도 한 단계 성숙하고 싶은 욕망이 넘쳤고 어떤 일에 열중하는 마니아 수준 이상이었다. 갓을 갖고 싶어서 몇 년을 벼른 끝에 서울 강남구 삼성동에 있는 중요무형문화재 연구실을 찾아가 주문했다. '갓일 기능보유자' 제4호 정춘모鄭春模 장인匠人을 만나 보니 정부로부터 기능보유자 인정서를 받은 분이어서 믿음이 갔다.

갓을 만드는 과정은 하나부터 열까지 손으로 만드는 수작업이었다. 먼저 대나무 중에서도 3년생쯤 되는 연한 마디를 골라 머리카락처럼 잘게 쪼갠다. 이것을 올올이 엮어 중심부인 둥그스름한 양태와 머리가 들어가는 총모자를 만들고 인두로 모양을 잡는다. 갓 모양이 성립되면 가느다란 가닥마다 말꼬리 긴 털을 한 올 한 올 붙이고 그 위에 옻칠을 한단다. 마음먹고 손을 놀린다 해도 1년에 한두 개를 제작할 뿐이란다. 하도 정밀한 작업이어서 내가 주문한 작품이 마지막이 될 수도 있다며 아쉬워했다. 나도 이걸 쓰고 무르익은 사람이 되겠다는 각오를 몇 번이나 하고 돌아설 때 한없이 뿌듯했지만 한편으론 조심이 되었다.

갓은 만들기도 힘들지만 종류와 모양도 갖가지였다. 명주실로 만든 '진사립眞絲笠'이 있고 말馬 꼬리털로 만든 '말총갓'이 있었다. 집안 어른 초상이나 나라님이 승하했을 때는 흰색 백립白笠을 쓰기도 했다. 하지만 일반적으로 검은색이었다. 평민들 갓은 창 넓이가 좁았다. 양반들은 지름이 무려 45cm나 된다는 '임금 갓'을 쓰고 귀천을 구별했다. 갓으로 인한 허례허식을 개탄했던 대원군은 과감한 개혁정치를 펴면서 지름이 좁은 평민 갓을 장려했다는 것을 보면 갓에 대한 옛사람들의 집착이 어느 정도인가 짐작된다.

무게만 하더라도 그렇다. 손으로 들어봐도 믿을 수 없을 만큼 가볍다. 묵직하게 보이면서 누구 하나 가볍다고 말하지는 않는다. 가볍지만 가장 엄숙하게 보인다. 두루마기 위에 도포 입고 갓 속에 탕건宕巾과 암수를 이루어 쓰고 나서면 품위와 기상이 저절로 따라다녔다는 그 점이 나를 가만두지 않았다.

갓을 쓰면 우주와 인간, 자연의 이치를 생각하게 된다. 의관을 정제한다는 것은 사람답게 살아간다는 것을 암시한다. 눈이나 비바람에 약해 실용성이 없다는 단점도 있었다. 그것을 극복해야 갓 쓴 사람 인격이 유지되니까 무게 있는

처세를 해야 한다며 사람다운 행동을 하라고 신신당부하는 것이 아닌가.

내가 주문한 것은 창이 45cm 되는 '말총갓'이다. 왕이나 양반이 썼던 창이 넓은 '임금 갓'이다. 최근에는 시력도 좋지 못한데다가 거들어 줄 기능공조차 없어서 창이 좁은 평민 갓도 만들지 못한다고 한다. 이처럼 걸작을 모처럼 만들었다며 내 머리에 얹어 주었다. 딸을 시집보내는 어머니처럼 갓 쓴 사람의 인격이 선비처럼 변신해야 한다며 주의사항이 끝이 없었다. 실수로 불에 태운다면 단순한 재물손실에 해당될지 몰라도 명예와 인격을 다 잃는다는 것을 명심하란다. 갓을 지닌 이가 수신修身하기가 그만큼 힘들다는 충고였다.

이 갓을 쓰고 행사장에 나선 적이 있다. 그럴 때마다 철 좀 들자고 내가 나를 다그친다. 명장이 제작한 고가품인데다가 황폐해진 마음과 덜렁대는 행동을 바로잡아 주는 행동지킴이를 동행한다는 생각을 하니 잠든 자아自我까지 깨어나는 것 같았다.

무성한 여름 꽃보다 가을국화처럼 짙은 향기를 풍기는 성숙한 사람으로 거듭나기를 바라며 용기를 낸다. 그래야 비싼 갓을 쓴 사람값을 할 게 아닌가. 변신한다는 것, 그만큼 내공이 따라야 가능하다는 말을 깊이 새긴다.

못 둑길에서

산도라지꽃 피는 계절이 오면 마음이 편해진다. 고향 동네 골짜기로 걸어 들어가 보면 저수지가 나온다. 이따금 이름 모를 산새 소리만 들리고 수면에 비친 산 그림자가 정겨울 뿐이다. 밥 먹고 배도 꺼줄 겸 호젓한 그 길을 걷다 보면 세상명리를 멀리 떠난 은둔거사들이 살지 싶은 못 둑에 다다른다.

손에 쥔 것, 호주머니에 든 것도 없다. 스마트폰도 툇마루에 두고 왔다. 외형적인 것이 아니더라도 위신과 체면, 직위와 명예 따위는 말할 것도 없다. 거기다가 사람들과 인연, 무형의 얽매임에서 벗어나는 그곳. 못 둑이란 그야말로 부담 없는 홀가분한 장소인지라 심리적으로 자유로움을 한껏 맛본다.

그러고 보면 시골 동네 못 둑이란 어떤 얽매임에서 벗어나는 장소가 아닌가 싶다. 우리가 '힘들다! 힘들다!' 하면서 오만 가지 짐을 더 많이 지려고 했었지만 나이 들면 다 벗어 버리고 홀가분하게 떠나는 인생이라 했다. 이 세상에 처음부터 내 것이라고는 아무것도 없고 잠시 빌려 쓰다가 갈 때는 돌려주고 가야 한다는 말이다. 언제 갈지도 모르면서 더 긁어모으려고 아등바등하는 것처럼 어리석은 일도 없다고 했다. 그걸 잊은 채 발버둥 쳤는데 못 둑에서 저 물속으로 던져 버리고 내려가야겠다.

언젠가 북유럽으로 여행 갔을 때다. 신록이 짙어지는 계절에 길을 나섰는데 거기는 아직 영하로 내려간다며 여벌로 겨울옷을 준비하라는 당부가 있었다. 여행이라면 몸도 마음도 홀가분하게 떠나야 제맛인데 짐까지 짐이 된다면 휴식이라기보다 짐 무게에 짓눌려 녹초가 되고 만다.

이번에는 북위 60도를 넘어서 북극권에 근접한 지역이었다. 얼었던 손을 녹이며 여독을 푸느라고 며칠간 시골집에 머물렀다. 고향 집에 와서 며칠 쉬는 동안 주변을 어정거리기도 하고 마당가 나무에 물 주는 것 말고는 별로 할 일 없는 것이 만고에 편했다. 읽던 두꺼운 책도 던져 버리고 동네 저 안쪽에 있는 못 둑길을 목표로 산책한 것이 전부였다. 고향이란 두 글자의 포근함에다 북대서양 싸늘한 공기를 비교하며 걸었다. 내 몸에 지닌 것이라곤 목에 건 수건 한 장이니 머리 깎고 산으로 가는 사람도 이렇게 홀가분할까 싶었다.

사방이 고요한 못 둑이다. 문득 미국의 사상가이자 문학자 '소로'가 생각난다. '나는 어떻게 살아왔는가, 또 무엇을 위해 살아갈 것인가.'라는 질문을 자연 속에서 자기 스스로에게 했다는 그. 무거운 짐을 내릴 줄 알아야 하는데 앙앙불락怏怏不樂하다가 비우지도 못했다는 것이다. 그러다가 산골짝에 오두막을 짓고 자신의 삶을 성찰하면서 마음을 비웠다고 한다. 바로 그곳이 여기가 아닌지 모르겠다.

나 역시 진정 행복이 어떤 것인지 모르고 살아왔다. 번거로움에 눌리고 칙칙한 도시 조명에 가려 눈을 뜨고도 세상을 바라보지 못하는 반거충이가 되었다. 살아온 연륜을 계산한다면 이제 세상 이치를 조금 알 만할 때가 되었으니 지금부터라도 달라져야 한다. 자연과 함께하며 참다운 삶은 무엇인지 고민해 보아야 한다.

이런저런 생각에 잠겨 못 둑까지 걷다 보니 칡넝쿨 속에서 산새들이 재잘대는 소리를 듣고서야 아차 싶었다. 저수지는 석양을 받아 잔잔하고 넘치지도 모자라지도 않을 만큼 수위를 스스로 조절하고 있었다. 그 모습은 우리 인간들에게 분수를 지키고 살아야 함을 넌지시 일러 주는 것은 아니지 모르겠다. 장마 때도 도수로를 통해 다 수용하지 못하는 양을 토해 낸다. 가뭄이 들어도 쉽사리 바닥을 드러내지 않고 저 아래 못 바닥에는 청정한 샘물이 마중물로 남아 있다. 참을성에다 절제하는 모습이 인격을 지닌 덕인德人을 닮았으니 못 둑길은 깨달음의 장소라고도 할 만하다.

살아오면서 더 많은 걸 가지려고 애쓴 것은 사실이다. 분수에도 없는 직책을 탐내면서 선출직에 출마했다가 창피를 당하기도 했고, 복에도 없는 축재蓄財를 노리다가 빈 가방을 든 채 돌아오기도 했다. 저 아래로 내려가면 비우는 삶, 버리는 삶을 실천해야지.

내가 못 둑길 걷는 이유는 해 질 녘 저수지 둑이 아름답기도 해서지만, 수도승이 지나간 길은 아닌가 하고 자꾸 뒤돌아보곤 하기 때문이다. 비울 것도 버릴 것도 별로 없지만 지난날이 새삼 부끄럽다고 느낄 때 내 고향 못 둑길에 땅거미가 서서히 내려앉는다.

맞습니다, 맞고요

2009년 5월 29일은 비통한 날이었다. 인간으로 인연의 고리를 그렇게 쉽게 끊을 수는 없었던 날. 10년 아니 20년, 억겁인들 어찌 뇌리에서 떠나리요. 나라 잃은 슬픔도 긍정적으로 승화시키자며 국장國葬 하루 전에 부산상고 총동창회 차원에서 추도사를 써서 참석하라는 청탁을 받은 지가 어제 같다.

서울 경복궁에서 거행된 故 노무현 前 대통령 국민장에 이달곤 행정안전부 장관으로부터 초대 받았다. 두근두근 왼쪽 가슴에다 남들은 알 수 없다는 비표祕標를 달고 참석한 게 어언 12년 전 일이라니….

추도사라면 하늘도 울고 땅도 울고 영혼까지도 감동시

켜야 한다. 고인의 인생이나 인간관계라든지 못다 한 이야기, 굽이굽이 한세상 걸어온 추억담이 살아 있어야 감동이인다. 포도송이처럼 알알이 박힌 내용일수록 듣는 이가 손수건을 흠뻑 적시고 만다는 것이 내 지론이다.

그렇잖아도 고인께서 청와대 들어가시기 전에 나와는 형님동생 하는 사이였다. 나라의 정사를 맡은 후로는 아득히 먼 거리가 되고 말았다. 나는 밤새 PC 앞에 앉아 고뇌했다. 새벽이 올 때까지 슬픈 마음을 한 장의 종이에 옮겨 담으려고 애썼다. 내 글이 자칫 사적인 면에 치우칠까 염려도 되었지만 최선을 다해 퇴고를 마쳤다. 그걸 가슴에 품고 경복궁 장례식 행사장에 앉았을 뿐이지 추도사는 읽지도 못하고 돌아왔다. 영혼께는 더더욱 면목이 없는 일이었다.

> 임이시여! 편히 가십시오.
>
> 어찌 이다지도 참담하고 슬픈 일이 있을 수 있단 말입니까. 도무지 믿어지지 않는 충격적인 비보에 할 말을 찾을 수가 없습니다. 도무지 정신을 가눌 수가 없습니다. 임께서 그때 청와대에서 영예로운 퇴임식을 마치고 홀가분한 마음으로 고향 봉하마을로 돌아오시던 날 마을회관 광장으로 몰려든 주민들 틈새에 비집고 선 저의 두 손을

꼭 잡아주시면서 '좋은 글 많이 쓰시라' 격려해 주셨습니다. 곧바로 단상으로 올라가시어 '야! 정말 기분 좋다.'라고 만면에 미소 지으시며 두 손을 흔드셨습니다.(중략)

퇴임식을 마치고 봉화마을에 내려와 계실 때, 고인은 생전의 업보를 짊어진 채 스스로 큰 결단을 내렸다. 부엉이 바위에서 극단적인 선택으로 이 세상과 이별했다. 투철한 책임의식을 가진 정치인이 이 나라에 몇이나 될까 되돌아보지 않을 수 없었다. 아무리 큰 죄를 짓고서도 '나는 모르오' 하고 발뺌하기에 바쁜 정치풍토 속에서 결백을 보여주겠다는 완강한 의지로, 목숨으로 책임진 인물이었다. 그처럼 훌륭한 인물의 추도사를 썼다는 사실을 내 문학인생에서 보람으로 여긴다. 오로지 최고 문장으로 순수의 승부를 걸고 문사정신으로 혼을 담아 썼다.

임께서 대통령에 재임하시는 동안 저를 두 차례나 청와대로 초청해 주신 후의는 잊지 못합니다. 행복했습니다. 대통령님께서 야당으로부터 불신임을 받아 한동안 집무실을 떠나 계시니까 온갖 불평불만이 저를 향해 쏟아졌습니다. 그것이 모두 대통령님과 한 학교를 다녔다

는 업보 때문이었습니다. 그 업보 무게를 제 나름대로 감당하느라 무척 속이 상했습니다.(중략)

글은 누가 쓰라고 해서 써지는 것이 아니다. 문득 쓰고 싶어 쓴 글이 진짜다. 거미가 제 몸에서 실을 뽑아내듯이 쓴 것이라면 거침없는 글이다. 이에 고인께서 저세상에서 내 글을 본다면 어떤 반응을 보내실까? 생전에 정사가 꼬일 때나 반가운 사람을 만나면 가끔 쓰셨던 말씀은 오랫동안 잊히지 않는다. '맞습니다, 맞고요.'

내가 읽은 추도사를 듣고 그 말씀을 해 주신다면 저 깊은 내 가슴속에 든 정을 퍼 올렸다는 것을 인정해 주는 것이리. '형님! 그것도 추도사라고 썼능교.'라고 하시면 말하나 마나 형편없는 글일 터다.

내가 글꾼으로 사는 동안 이웃이나 선배를 추모하는 글을 여러 번 쓰긴 했다. 특히, 나라 임을 보내는 국장을 치르는 추도사를 쓰면서 진실한 마음을 녹여서 쓰려고 애썼던 일이 가장 기억에 남는다. 또다시 누구로부터 청탁을 받는다면 이처럼 애잔한 인생무상을 담아낼 수는 없을 것 같다. 어디서 '맞습니다, 맞고요!'라는 친근한 음성이 들려오는 것 같다. 환청이라도 듣고 싶은 날이다.

추억 버리기

그간 보관하던 사진첩을 정리했다. 패기 넘치던 청년시절엔 경쟁이나 하듯 사진을 찍어 흑백, 천연색, 크고 작은 사이즈 가리지 않고 인화해서 보관하다 보니 그 양도 적지 않다. 광주리나 과일상자, 서류봉투 같은 데 담아둔 것을 그대로 보관하려니 그렇고 버리자니 망설여진다.

세상이 많이도 변했다. 언제부터인지 모르지만 사진 찍자고 카메라를 들이대면 손사래부터 친다. 아마도 나이 들어가는 징조이고 펄떡펄떡하던 열정이 식었다는 뜻이다. 하지만 사진 찍기를 싫어하는 특별한 이유가 있다. 맏아이 졸업식에 참석하려고 우리 내외가 시카고에 간 적이 있다. 기왕 미국에 온 김에 며칠 더 구경하기로 하고 서툰 영어로 물어물어 시카고 오헤어 공항에서 LA 공항에 내렸다. 디즈니랜드는 물론 그랜드캐니언하며 미국 서부를 두루두루 관광하고 다닐 때 어느 공원 입구에서 애지중지하던 카메라를 눈 깜짝할 사이에 날치기 당했다.

이게 뭔 일인가. 가난한 사람들이 사는 나라에만 도둑이 있는 줄 알았는데 풍요롭게 산다는 미국 땅에도 소매치기가 있었다. 아내는 울고불고 야단이었으나 나는 태연한 척하느라 땀으로 내의가 흥건하게 젖었다. 그 사건 이후 사진 찍는 일이라면 악을 쓰고 피해 버린다.

정리할 게 어디 사진뿐이겠는가. 여기저기에서 받아 모았던 상패며 감사패도 그렇다. 나는 평범한 사람이기에 상 받을 만한 위치가 아니지만 살다 보니 몇 개를 받았다. 여러 사람과 한 줄에 서서 행사치레로 받은 것도 있고 당장 버려서는 곤란한 것도 있다.

몇 차례 이사하면서 상패를 다칠까 봐 이삿짐 꾸러미 속에 넣어 조심스레 옮겨 거실의 진열장에 놓았다. 그걸 바라볼수록 부끄러워서 한쪽 구석으로 치워 버린 후에야 편한 숨을 쉴 수 있었다. '너 자신을 알라'던 성인의 말씀이 왜 그리도 또렷하게 떠오르던지.

상패 중에는 지위가 제법 높은 분이 내린 것도 있다. 높은 사람이라고 해봐야 얼마나 높겠는가. 내 고향의 이장, 고아원 원장, 모교 교장으로부터 받은 것이 그것이다. 이사할 때마다 아내는 버리자고 얼굴색까지 붉힌다. 나는 선별하자고 해서 의견충돌이 있었다. 하지만 상패를 내린 분들 성의를 봐서라도 진작 못 버리고 뭉그적거렸을 뿐이다.

나의 친척 한 분은 부산 근교 쓰레기 매립장에서 근무한 적이 있다. 그분이 하루는 우리 집으로 놀러왔다. 상패와 기념패 같은 멀쩡한 물건이 쓰레기 더미 속에서 자주 눈에 띈다고 개탄했다. 그 상패에 적힌 사람은 이름만 대면 금방 알 수 있는 유명인사라나. 그분이 별세하고 가족들에게서 버림받은 모양이란다. 저명인사의 이름자가 하늘을 향해 냅다 팽개쳐진 것을 보노라면 왜 그런 방법으로 버리는지 알 수 없다고 했다. 내가 찍어 모은 사진이나 상패도 버리긴 버려야 하는데 내 손으로 버리지 않으면 자식들에게 부담을 주기에 이참에 일찍 버리기로 작정한다.

지난날 평생을 검소하게 살면서 절약정신을 생활신조로 삼았다. 웬만한 어려움엔 참고 참으면서 견뎌냈다. 별다른 가치가 없다는 몽당연필이라도 함부로 버릴 수 없었다. 그것은 인간행로의 순리이고 나의 생활 습관이었다. 그래서 각이 반듯한 과일 박스나 와이셔츠를 담았던 종이 상자 같은 것들을 버리려다가 재활용 휴지통 앞에서 머뭇거린다.

이즈음에도 이를 악물어 두 눈을 똑바로 뜨고 사진도 찍고 상패도 받으며 살아가고 있다. 비록 언젠가는 내 자식들이 그걸 정리하겠지만 그래도 가던 길을 멈추지 않고 계속 진행하는 중이다. 그래야 팍삭 늙지 않고, 어물어물하다 보면 사람 사는 맛이 나지 않을까. 추억 버리기, 그게 어디 쉬운 일인가!

불청객

참 편리한 세상이다. 조금이라도 더 편하게 살려고 그것이 오복을 누리는 길인 것처럼 편리함을 좇아 모두 정신없이 달려간다. 그런 인간들 욕망의 대표적 산물이 아마도 컴퓨터가 아닌가 싶다. 하지만 햇볕이 따가울수록 그늘도 짙게 마련이다. 컴퓨터 역시 편리함 뒤에는 불편한 역작용이 따른다는 사실을 부정하기 어렵다. 기계문명 편리함이 이 세상을 지상낙원으로 바꿔 놓으리라 생각하는 것은 착각이다. 이를테면 스팸메일이란 것이 그렇다.

나는 출근하자마자 컴퓨터를 켜는 일로 하루를 연다. 행여 반가운 소식이라도 도착했거니 하고 열어 보면 그게 아니다. 싱거운 사람들이 할 일 없어 보낸 것인데 배우 사진이라든지, 다 아는 건강 상식, 식상하기 짝이 없는 정치 이야기를 올려놓은 스팸메일이 대부분이다.

그도 부족해서 이건 아니지 싶은 낯 뜨거운 장면들로 도배되어 있었다. 자칫 다른 사람이 볼세라 부랴부랴 삭제하면서 공연히 얼굴이 달아오를 때도 있었다. 상대방 입장은 눈곱만큼도 생각하지 않고 우르르 밀려오며 '저요, 저요' 하며 손을 흔들고 있다. 무턱대고 자기를 불러 달라고 애교를 부리다가 제멋대로 분탕질 치는 망나니 같은 지독한 공해 말이다.

내가 사십 대 초반에 설악산 대청봉을 오른 일이 있다. 가물가물하게 높이 솟은 명산 중에 명산 최고봉을 오르기란 여간 힘든 일이 아니었다. 정상에 오르면 허기진 배를 채울 수 있다는 희망 하나로 죽을힘을 다해 오르고 또 올랐다. 그런데 설악산 산꼭대기에서 내려다본 아름다움이라니!

장엄하면서도 수려한 산세에다 동해가 바라보이는 탁 트인 시야하며 탄성이 절로 나왔다. 그러나 그런 감흥도 잠깐이었다. 강원도 양양군 오색五色이란 동네를 아침 여섯 시에 출발하여 그 코스를 따라 대청봉을 오르는 등산객들은 대부분 정상에서 식사를 했다. 그래선지 주변 일대는 음식 찌꺼기하며 온갖 과일 껍질들이 여기저기 난잡하게 널브러져 있는 것이 아닌가.

우리 내외가 정상 너럭바위에 앉아 식사를 막 시작하려 할 때였다. 어디서 날아왔는지 왕벌만큼 굵은 파리가 날아들었다. 어찌 거기까지 몰려왔는지 갑자기 나타난 불청객이 윙윙거리다가 급기야 내가 먹으려고 편 도시락에까지 달라붙는 것이 아닌가. 명색이 국립공원이라는 대청봉 정상에 오물이나 쓰레기가 뒹굴고 있었으니 그들의 범접은 당연한 일이었다. 그것들은 사람들이 생각 없이 마구 버린 오물에서 생겨난 것이니까 드디어 앙갚음을 당하는구나 싶어 참으로 안타까웠다.

하기야 하늘이 하는 일까지 인간이 범접하는 세상이 되고 있다. 하도 많아서 일일이 열거할 수는 없지만 강줄기를 돌려 둑을 쌓고 산허리를 잘라 내기도 하며 울창한 숲들을 마구 베어 낸다. 그러니 대자연이 인간에게 큰 벌이나 내리지 않을까 은근히 두려워질 때가 많다. 청정해야 할 대청봉 정상에 파리가 들끓는 것도 인간에 대한 작은 경고가 아닐까 싶다. 나 하나쯤이야 하고 아무 데나 버리는 일이야말로 인간들이 파 놓은 구덩이에 인간 스스로 빠져 허우적대는 꼴이나 다름없다.

수학의 천재 '유나바머'가 컴퓨터를 저주의 기계라고 매도했던 이유가 그런 역작용을 염려했던 때문이 아닐까. 오늘 아침에도 일찍 출근하여 컴퓨터를 켜고 상품 발주서가 들어오길 은근히 기다렸는데 상품주문서나 견적의뢰서 대신 그놈 스팸메일이 잔득 쌓여 있어 상쾌하던 기분이 망가지려고 한다. 더러는 문우가 보낸 정다운 글과 정년퇴직한 친구들이 독수리 타법으로 보내온 편지들이 나를 기다리겠거니 하고 기대했다. 그러다가 난데없는 그것들 습격에는 더럭 왕짜증이 나려 한다.

사실 설악산 대청봉 아름다운 경치는 우리 인간만이 누릴 특권은 아니다. 안 할 말로 미물인 파리들도 공유할 권리는 있다. 그들이 거기서 기생하도록 환경을 만들어 준 것은 결국 지각없는 인간들 행동 때문인데 어찌 '나는 아니다'라고 발뺌하랴.

지난날 내 사업이 어려웠을 때 물품대금을 약속 기일보다 좀 늦게 지급하면 여기저기서 몰려들던 빚 독촉보다 더 나를 당혹스럽게 한다. 과연 이 불청객을 그저 시대적 산물이요 어쩔 수 없는 필요악이라고 치부하고 말아야 할까? 당혹스러운 생각이 드는 오늘이다.

제4부

내 탓이요

불효자는 웁니다

벌써 몇 년째인가. 안동 고향집에 계시는 부모님을 한 달에 한 번쯤 내려가 뵙는 게 일상화되었다. 아버지와 사랑방에서 한 이불을 덮고 잠을 잤는데 새벽녘이면 윗목에서 자고 있는 나를 깨우곤 했다. 선잠 깬 나에게 우리 집안 내력이라든지 이런저런 집 안팎 대소사를 자상하게 말씀하시면서 대代를 잇는 경영 수업은 끝이 없었다.

부자간 격의 없는 새벽 대화가 먼동이 틀 때까지 이어지기가 일쑤였다. 그러다가 내 직업에 대한 이야기가 나올 때면 무척 곤혹스러웠다. 아버지로서는 맏아들인 내 직업이 못마땅한 듯, 지금 하는 사업을 버리고 좀 더 그럴듯한 직종을 택해 출세해 주기를 바란다는 뜻을 비치곤 했다. 당신 친구들은 교수나 교장, 거기다가 박사 학위를 가진 자녀들이 수두룩한데 그런 직업이 몹시 부러웠던 모양이다.

아버지가 그런 말씀을 은근히 비출 때마다 소규모 사업을 하는 나는 미안하고 죄송스러웠다. 나처럼 못난 자식 둔 죄로 그 흔한 출세한 자식 자랑하며 팔불출 소리 한번 못 듣게 해드려서 죄송하다는 생각이 들었다. 하지만 헌 신발 버리고 새 구두 사 신듯 평생을 꾸려온 생업을 금방 바꾼다는 것이 쉬운 일인가.

하던 일 그대로 하면서 직업을 하나 더 가지기란 쉬운 일이 아니다. 이를테면 아버지께서 바랐던 내 직업은 시의원이나 도의원이었다. 아니면 그럴듯한 기관장 후보로 출마하여 당선되기를 은근히 기대했다. 그것도 오랫동안 터를 닦은 후에 밑천을 차떼기로 실어 넣어 공을 들인 사람에게 돌아가는 법이지 아무나 갑작스레 될 수 있는 일이 아니지 않은가.

하루는 아버지께서 안동군청 신년 하례회에 초청 받아 참석했다고 한다. 그날 군수와 경찰서장이 앉은 자리 바로 뒷줄에 배정 받았단다. 차례로 악수를 해 오다가 아버지 앞에서 그만 돌아가 버리더란다. 알고 본즉 자녀가 출세한 내빈에게는 악수를 했고 자녀가 출세하지 못한 내 아버지와는 악수도 없이 그냥 돌아갔다며 서운해 하셨다.

그날은 아침부터 세탁해 두었던 양복에다 흰 와이셔츠를 입었다고 했다. 거기다가 빨간 무늬 넥타이를 매고 갔는데도 알아주지 않더란 것이다. 나는 그 이야기를 듣고 아버지께 효도할 수 있는 방법이 없을까 하고 고민 농도가 점점 더 깊어졌다.

알다시피 내 고향 안동은 유교적 윤리관이 뿌리 깊게 박힌 곳이다. 사농공상士農工商 위계질서에 따라 직업도 선비사士 자가 들어가야 행세하는 것으로 쳤으니 종업원 몇 안 되는 중소기업을 경영하는 내 직업쯤이야 말단으로 치부될 수밖에 없다.

그러나 내 생각은 달랐다. 부모들께서 불만족하시는 건 안타깝지만 지금 같은 고도 산업사회에서는 사농공상 유교적 질서가 무너진 지가 오래다. 이제는 거꾸로 상공농사商工農士라 우길 수는 없다 해도 나의 직업인 상공업이 천한 직업으로 괄시받을 하등 이유가 없다고 믿어 왔다. 나는 이날까지 내 직업에 긍지와 자부심을 갖고 성실하게 일해 왔다.

언제나 아침 일찍 출근하여 누구보다 먼저 할 일을 점검하며 직원들 하루 일과를 감독했다. 나름대로 소비자가 믿고 찾는 제품을 만들어 신속정확하게 공급해 주는 일에 혼신과 정열을 쏟아 신뢰도를 얻었을 따름이다. 그럼에도 무슨 새 직업을 구해야 하거나 목돈 들이고 목 터져라 선거운동해서 선출직 의원이 되겠다는 허황한 생각은 눈곱만큼도 해 본 적이 없었다.

하루 종일 회사업무에 골몰하다가 퇴근해서 집에 오면 파김치가 되기 일쑤였다. 세수를 하는 둥 마는 둥 저녁상을 받으면 누적된 피로로 입맛을 잃는 날도 허다했다. 그처럼 열심히 일하면서 후회 없는 삶을 살아왔지만 아버지를 생각하면 회한이 없을 수 없다. 워낙 못난 탓에 아버지 생전에 바라시던 소원을 이뤄 드리지 못했으니 죄인이요, 불효자라고 하지 않을 수 없다. 헤아릴 길 없는 부모 은공을 손톱만치도 갚질 못했으니 어찌 미련한 불효자식이라고 하지 않으리.

평소 아버지는 매주 월요일 밤 열 시만 되면 어김없이 방송되던 가요무대 프로를 무척 좋아하셨다. 사람들이 노래를 좋아하는 건 구슬픈 가락이 울적한 심정을 달래주어서가 아닐까? 그런 이유에서 아버지 역시 흘러간 노래를 좋아하고 자주 들었지 싶다. 채워지지 않는 아들에 대한 기대, 거기서 오는 서글픈 심사, 그런 것이 한이 되어 한숨

과도 같은 옛 노래들을 들으며 시름을 달래곤 했을 것이다.

이제 고인이 되신 지 오래다. 아득한 명계冥界에 계시는 혼령께 불효자식은 사죄를 올리고 싶다. 바쁜 업무를 뒤로 미루고 고향에 와서 평소 당신께서 거처하시던 사랑방 낡은 TV 앞에서 인기가수가 부르던 '불효자는 웁니다'를 따라 불러 본다. '불러 봐도 울어 봐도 못 오실 아버지!' 어찌할 수 없는 회한과 더불어 오늘따라 노랫말이 가슴속에 찌릿하게 젖어든다. 아! 아버지가 한없이 그립다.

불효자는 웁니다 2

집 가까이 푸른 바다가 있다. 창을 열면 파도 소리가 들릴 것 같다. 철썩이는 파도 소리는 꿈결에 듣는 자장가이기도 하고 도란도란 말을 걸어오는 것 같기도 하다. 언제나 바다를 가까이서 볼 수 있음이 얼마나 다행인지 모른다. 때로는 바닷가를 걷기도 한다. 먼동이 틀 무렵 모래톱을 달리기도 하면서 물결의 깊음과 넓음이 어버이 마음 같은 광대무변함이 나는 좋다. 하지만 그렇게 아름답던 바닷가는 언제부턴가 슬픔으로 보이기 시작한다. 자장가같이 감미롭던 물결 소리가 침울한 엘레지로 들린다.

아버지가 돌아가신 충격이 나로선 그만큼 컸던 것 같다. 넓고 깊은 바다와 같던 아버지였는데 다 버려두고 여든한

해의 삶을 조용히 마감했다. 백수를 넘길 줄 알았는데 바다 너머 저 멀리 돌아오지 못할 곳으로 가셨다는 사실이 좀처럼 믿기지 않는다. 아버지의 존재가 영원할 줄 알았다. 맏아들인 나는 언제나 아이처럼 응석받이로 살아갈 줄 믿었다. 그런데 이젠 내 곁에 계시지 않는다.

아버지는 평소에 병원 출입을 모른 건강 체질이었다. 환절기 날씨와 노인 건강은 믿을 것이 못 된다더니 갑자기 뇌출혈로 쓰러져 뇌수술을 받는 사고가 일어나고 말았다. 수술 후에는 차츰 기력을 되찾으려니 했는데 안타깝게도 두 달을 채 못 넘기고 훌훌 세상을 등지고 만 것이다.

강인한 체질이라고 믿었던 것이 잘못이었다. 언제까지나 별 탈 없으려니 짐작하고 좀 더 세심한 배려를 못했던 자신이 부끄럽고 자괴지심을 느낀다. 그런 아버지를 생각하며 바닷가를 천천히 걷는 일이 잦아졌다. 어쩔 수 없는 한탄과 뉘우침을 가슴에 안은 채….

아버지께서 가시고 며칠 후다. 그동안 못난 상주 노릇한다고 신문을 읽지 못하고 있었는데 오랜만에 신문을 들췄더니 이규태 선생 부음이 눈에 띄었다. 2006년 2월 23일이 가친의 기일이었는데 그로부터 3일 후다. 그분은 수십 년 동안 일간지에 '이규태 코너'를 연재해 온 박람강기博覽强記

하기로 유명한 문필가가 아닌가.

세상에 슬프고 아쉬운 일은 나에게만 있는 것은 아님을 실감하면서 충격을 받았다. 윤재천 선생께서 주관한 ≪현대수필≫ 구름카페 시상식장에서 휠체어를 탄 채 수상자로 참석했던 그를 만난 지가 불과 석 달 전인데 유명을 달리하시다니…. 그분 뒤에 서서 함께 찍었던 사진을 들여다보니 삶의 덧없음이 새삼 가슴에 와닿는다.

하기야 그분과 가친은 평소 교분이 없었다. 그러나 매향梅香이 짙은 계절에 길동무하며 떠나시니 모쪼록 극락왕생하여 부처님 영접을 받으시라고 속으로 빌었다.

나는 평소 그분 글을 좋아해서 스크랩해 가며 읽었다. 언젠가 그가 쓴 불효처벌법不孝處罰法이란 칼럼이 생각나서 스크랩해 둔 글을 찾아보았다. 빛바랜 1994년 1월 5일 자 J신문이었다. 예로부터 우리는 효를 최고 윤리적 가치로 쳤고 부모가 죽는 것조차도 자식의 불효에서 비롯된 것으로 여겼다는 내용이어서 그 문장을 가슴에 새기고 새기면서 살고 있다.

비록 부모가 죽는 지경에까지 이르지 않아도 자식이 몹쓸 짓을 하여 가문을 욕되게 하면 그 아비 종아리를 대신 치는 이른바 '조상매'가 있었다고 적었다. 효의 실천은 물질의 풍요로움이 반드시 뒷받침되어야만 하는 것은 아니었다. 그것은 순전히 마음에서 우러나오는 것이지 돈이 있고 없고가 문제가 아니었다. 그럼 지금 나는 물질적인 풍요로움을 누리면서도 효심이 부족했던 것이 아니었던가 하는 자괴감을 이기기 힘들다. 그동안 효를 입으로만 외치며 그저 세월만 보냈던 것이다.

이규태 선생 글은 나를 부끄럽게 했다. 아버지 돌아가신 것이 너의 잘못이라며 책망하는 것 같았다. 물론, 시대가 달라졌으니 윤리 기준도 달라지고 옛날같이 그런 엄하고 혹독한 처벌은 수긍하기가 어려운 세상이다. 불효처벌법은 불효를 반성케 하는 점에서 상주가 된 나에겐 의미가 크다. 어버이 살아생전에 최선을 다했는가? 어버이뿐만 아니라 내 가족과 사회에 부끄러움이 없는가를 되돌아보게 한다.

가친의 사망신고를 하던 날은 하루 종일 하늘이 흐렸다. 미소 짓는 당신 사진이 붙은 주민등록증을 수영구청 호적 담당 창구 직원에게 반납했다. 그리고 민원실 계단을 내려서는데 가슴 한 모퉁이에 '뻥!' 하고 큰 구멍이 뚫린 듯한 공허감이 온몸을 휘감았다. 그 헛헛함과 얄궂은 상실감으로 어떻게나 콧등이 찡하던지 그 자리를 떠나지 못하고 한

참이나 서 있었다.

광안대교 너머 푸른 바다 위로 흰 포말을 일으키며 파도가 밀려오고 또 밀려간다. 바다 저 멀리 아득한 수평선 어디쯤으로 아버지 모습이 사라지고 있다. 아버지! 하고 불러보아도 아무런 소리가 들려오지 않는다. 불효자인 난 그 모습을 놓칠세라 손을 이마에다 얹고 그쪽을 바라보고 있다. 자꾸만 바라보고 있다.

솔 향내

한적한 오솔길을 걷는다. 푸른 나뭇잎이 내뿜는 향내가 싱그럽다. 자연의 숨결과 귀로 듣는 새소리, 피부에 와 닿는 산들바람 감촉이 조화를 이뤄 터질 듯한 생명력을 느낀다. 산길에서는 무욕無慾을 배울 수 있어서 좋다. 외따로 서 있는 소나무 곁으로 걸어가서 팔을 벌려 안아 본다. 그 순간 무슨 말을 나에게 다정하게 걸어오는 듯하다.

솔이다. 튼실한 밑둥치에다 사방으로 펑퍼짐하게 퍼진 가지들이 바람에 일렁거릴 적마다 은은한 향내가 스며온다. 오랜 세월 비바람을 맞아가며 그 자리를 지켰겠지만 그런 어려움은 내색하지 않고 꿋꿋한 자세로 서 있는 모습이 의연하고 믿음직스럽다.

오솔길은 마음 닦음 하는 수양의 지름길이다. 천천히 걷다 보면 절로 마음이 청정해진다. 태초에 조물주가 우주를 창조할 때 모든 생물체가 의좋게 공생하기를 바라며 산등성이와 오솔길을 만들었지 싶나. 그래서인가. 나무가 하나 둘 외롭게 선 오솔길, 솔이 듬성듬성한 산길 걷는 것이 좋다.

몇 해 전, 금강산의 만물상 길목에서 소나무 군락을 보고 감격했던 일이 생각난다. 청정한 공기와 기름진 흙이 덮인 산등성이에서 당당하게 자라던 노송은 실로 장관이어서 마치 오래 못 보던 친구를 만난 듯 반가웠다. 겨울에는 북풍한설 매운 칼바람을 견디고 여름에는 소낙비와 따가운 햇볕을 받아가며 속살을 채웠을까. 불그스레한 밑둥치는 더욱 늠름하고 진초록 이파리들은 참빗으로 빗어 놓은 듯 단정하다. 높이 자란 것은 큰 대로 굽은 것은 굽은 대로 서로 몸을 부비고 있었다. 어쩌면 무질서한 것 같아도 아옹다옹하지 않는 모습이 정다운 형제처럼 정겨웠다.

그 솔가지 밑에 서면 어떻게 세상을 살아야 하는지를 생각하게 된다. 무슨 외래종처럼 가지 끝을 창날처럼 곧추세우지도 않았다. 자신의 욕망을 채우려 핏발 세우고 이를 앙다문 모습이 아니다. 그렇다고 일렁이는 바람에도 대궁이가 금방 부러질 듯이 연약하지도 않다. 사시사철 푸른 솔은 화려한 의상을 입은 무희처럼 요란스럽지가 않아 좋다. 둥근달이 떠오르게 달님에게 길을 비켜 주는 풍류를 그들은 알고 있다. 그윽한 향기를 뿜어 백학을 불러 모으고 편안한 보금자리를 제공하니 그 여유로움을 어떤 수종이 감히 본을 보랴.

벼랑 끝이나 척박한 땅에다가 터를 잡는 것만 보아도 그의 무던한 성미를 알 만하다. 기왕에 터전을 잡고 뿌리를 내릴 바에야 비옥한 땅을 택할 것이지 하필이면 바위틈을 택하다니…. 그런 고달픔을 개의치 않고 청청한 자태로 서 있는 모습이 군자를 닮았다.

온갖 바위틈에서 풍설을 견뎌온 것일수록 향내가 더 진하다. 바람맞이 등성이에 외롭게 선 것일수록 고독을 안으로 삭이며 인고의 삶을 견디는 듯하다. 만약 인간이 그처럼 헐벗은 형상이라든지 외톨이로 살아간다면 몇 번이나 이곳저곳을 옮겨 다니려고 몸부림쳤겠지. 그들은 한결같이 그 자리를 지킨다.

특별히 내가 찾아가 보고 싶은 나무들이 있다. 어느 절 대웅전 뒤뜰에 있는 몇 그루의 노송들이다. 굵은 둥치를 칡넝쿨이 마구 휘감았다. 하지만 싫다는 표정 없이 따뜻한 가슴을 열고 어떤 애로라도 다 받아주려는 모습이 마치 자비로운 노스님을 닮았다.

그들 속이 얼마나 넓으면 저처럼 태연할까? 도무지 불편하다는 내색을 않는다. 칭칭 넝쿨이 감긴 모습이 아이를 등에 업고 무거운 짐을 인 어머니가 완행열차에 오르는 광경을 연상케 한다. 분명 인간이 흉내 낼 수 없는 너그러움의 표상이다. 남에게 의지하려는 침입자들까지 다 받아주는 대범함을 몸으로 실천하는 구도자의 모습이다.

그래서 사찰 주변에는 소나무가 청정하게 자생하는가 보다. 내 고향 뒷동산이나 골짜기마다 의연하게 자리를 지키는 소나무 모습을 어릴 적부터 보면서 자랐다. 나는 그들의 특성을 은연중에 알게 되었다. 눈이 오면 무겁게 이고 비가 오면 오는 대로 당당하던 그들의 덕성을 나는 좋아했다.

내 주제에 과한 일인지 모르지만 내 호를 친구가 솔 송松자를 택해 송현이라 지어준 것도 그런 이유가 아닐까. 호를 지을 바에야 매란국죽梅蘭菊竹의 사군자에서 따오는 것이 좋지 않겠냐 싶었지만 그는 매사에 신중하라며 작명을 수다스럽지 않은 글자를 택해 준 것이리라. 사계절 모두 다 푸르게 사는 복록을 누리면서 넉넉한 품성까지 닮으라는 깊은 뜻이 아닐까.

사시사철 푸른색 단벌 옷 하나로 살아가는 검소함을 가르쳐 주는 그들. 소낙비라도 한 줄금 지나간 후 뒷산으로 올라 실안개가 일던 솔 아래로 다가가 본다. 솔가지 사이로 비치는 햇살에 그리운 이들 얼굴이 떠오를 듯 가물거린다. 흰 구름이 피어올랐다가 하늘가로 밀려가는 뒷동산 오솔길! 오늘도 구름 따라 쉬엄쉬엄 걸어가며 솔 향내 맡으며 걷는다. 인간과 조화를 이룬 자연 속의 친구, 나는 솔향기를 좋아한다.

내 탓이요

원숭이가 눈을 가리고 입과 귀를 틀어막고 있다. 사람의 흉내를 낸다고 하기에는 별스럽다고나 할까. 그런 원숭이가 자못 이상한지 모두가 눈을 동그랗게 뜨고 쳐다보았다. 일본 어느 관광지에서 본 광경이다. 이따금 나도 그 원숭이처럼 귀를 막고 눈을 감고 싶은 때가 있다.

사람 사는 세상이 늘 조용하기만 어찌 바라겠는가. 저마다 생각이 다르고 살아가는 방식의 차이가 있는 게 우리 인간 세상이다. 서로 다른 의견을 갖게 되는 것은 자연스런 일이다. 그런데도 짐승 세계를 방불케 하는 일도 부지기수여서 날만 새면 서로 아옹다옹한다.

노사가 대립하고, 여당과 야당끼리 멱살잡이로 싸운다.

심지어 한 이불을 덮고 사는 부부 사이에도 티격태격할 때도 많다. 그러면서 좀처럼 내 탓보다는 남의 탓하기에 바쁘다. 하기야 못난 목수가 연장 나무란다고 하는 말은 귀가 아프도록 들었다. 잘되면 내 덕분이요, 못되면 조상 탓으로 돌리는 것은 어제오늘의 일이 아니다. 그러니 원숭이조차도 자신을 괴롭히는 것을 남의 탓으로 돌리고 귀를 틀어막고 입을 싸잡는 것은 아닌지 모르겠다.

가끔 서울에 갈 일이 있다. 그때마다 KTX를 이용하는데 예전에 비하면 그 엄청난 스피드에 감탄하지 않을 수가 없다. 하지만 좌석 앞뒤 공간이 좁고 의자를 자유롭게 젖힐 수도 없어 여간 불편한 게 아니다. 비싼 요금을 물고서도 이처럼 여행이 즐겁지 못하다면 분명히 문제가 있다. 그래도 서울에서 부산까지 지척 간이 되었으니 얼마나 좋은가.

전 같으면 서울에서 아예 하룻밤을 묵어야 한다. 설사 당일치기로 돌아온다 해도 여남은 시간 밤차를 타는 고역을 견뎌야 했다. 서울에서 대충 볼일을 끝내고는 오후에 부산에 돌아와 아내가 해주는 따뜻한 저녁밥을 먹으며 '세상 참 좋아졌다'라며 감탄사를 연발하는 요즘 일상이다.

그런데 이게 웬일인가. 며칠 전 서울 다녀온 이튿날 아침 허리가 몹시 아파 전처럼 자리에서 벌떡 일어날 수가 없었다. 퍼뜩 떠오르는 게 열차 등받이 때문인 것만 같은 생각이 들었다. 이 지구상에서 손가락을 꼽을 정도 최첨단이라는 KTX가 그처럼 불편했다니 어처구니가 없었다.

덜컹거리는 시골 버스를 타서 그렇다면 할 말이 없다. 그도 아니어서 자존심이 상하는 노릇이었다. 명색이 최첨단 열차라고 한다면 승객들이 안락하게 여행을 해야 할 텐데 허리 병까지 나게 하다니 그런 모순이 어디 있단 말인가. 어찌 됐건 멀쩡하던 허리가 불편한 이유가 분명 그 의자 때문인 것만 같았다.

나를 진찰한 정형외과 의사는 통증 원인이 그것 때문만은 아니라고 진단했다. 이제 어느 정도 써먹었으니 삐걱거리는 소리가 날 때도 되지 않았느냐는 것이다. 원인을 엉뚱한 곳에서 찾으려는 생각은 하지 말고 가벼운 운동을 자주 해서 근육을 강화하라고 일러 줬다.

그러고 보니 그날 서울에서 내 회사 일감을 얻어 보려고 긴장한 자세로 장시간 딱딱한 의자에 앉아 업무를 보았기 때문이 아니었던가 싶다. 살기 위해 아등바등하다 보니 몸을 돌보지 않아 무리가 온 것이다. 하지만 KTX 의자 등받이가 편해서 등받이에 기대어 내 지친 몸의 피로를 풀었더라면 허리의 긴장까지도 풀어 주었을 게 아닌가. 그런 아쉬움에 여전히 원망의 눈길이 그쪽으로 가는 건 무엇 때문인가.

오늘도 종일 허리 통증으로 시달렸다. 그러다가 문득 원효대사 '물타훼 막자찬勿他毁 莫自讚'이란 말씀을 생각해 봤다. 남의 허물 탓하지 말고 나 잘났다고 뻐기지 말아야 한다는 뜻이다. 모든 일은 나의 어리석음에서 오는 것이지 남을 원망해서 될 일은 아니라고 했다. 남의 말을 듣지 않으려고 귀를 막고 눈을 감아 버리고 내 생각만을 앞세우고 살아왔는지 모른다. 아직도 의사 말을 믿으려 하지 않고, 운동 부족인 것도 모르고 KTX 의자 탓만 하고 싶은 심사가 흉물스럽기만 하다.

하찮은 주제에 내가 제일이라고 자만하는 것은 못난 짓이다. 자신 존재의 진면목을 모른 채 살기 때문에 사람들이 하나같이 뻔뻔스러워진 건 아닐까. 내 잘못을 남의 탓으로만 돌려 진정 부끄럽다고 자신 있게 말할 수 있는 사람이 된다면 얼마나 좋을까. 부끄러운 나머지 내 귀를 열고 내 눈을 뜨고 남의 소리를 먼저 귀담아들어야겠다는 생각을 해 본다. 네 탓, 내 탓이라는 변명의 구실을 찾기에 앞서서 말이다.

면벽面壁

가끔 붓을 꺾어 버리고 싶을 때가 있다. 명색이 수필가를 자처하고는 있지만 내가 과연 문인 반열에 드는가, 하는 생각 때문이다. 글을 쓰다 보면 거미가 꽁무니에서 실을 뽑듯이 술술 풀리는 것이 아니라, 절벽이 앞을 가로막아 선 것처럼 답답해진다. 그럴 때마다 내 재주 없음을 한恨하며 문사인 체하는 자신이 부끄럽다.

그런 좌절을 맛보면서도 글쓰기를 결코 포기하지 못하니 수필을 사랑하는 병이 깊어진 탓인가. 수필은 나 자신을 드러내는 글이다. 적나라한 나의 진면목을 아낌없이 드러낼 줄 알아야 진정한 에세이스트라고 할 수 있는데 내 수필은 삶의 반성문이라고 해도 틀린 말은 아니다.

내게 있어 글쓰기 공부는 내 마음을 바로잡는 데서 출발했다. 내 삶을 생각하고 인생을 관조하려는 것이 목적이다. 참된 글 아름다운 글을 쓰고자 고민하다 보면 무엇이 참된지 무엇이 진리인가를 생각하게 되고, 거기에 접근하기 위해 부단히 노력하는 나 자신을 발견하게 된다.

글은 곧 사람이라고 했다. 쓰는 사람 됨됨이와 인격이 글 속에 녹아 있어야 한다. 가장 진솔하고 아름다운 인격을 갖추어야 비로소 좋은 글을 쓸 수 있지 않나 싶다. 하지만 내면에서 우러나오는 진실을 드러내기란 그리 쉽지 않기에 고독한 자신과의 싸움일 수밖에 없어서 표현 못할 인내심이 필요하다.

불가에서 말하길 수행자는 무소뿔처럼 혼자 가는 것이라고 했다. 글쓰기야말로 벽을 바라보고 앉아 참선하는 승려처럼 혼자서 하는 작업이다. 그러니 고독한 가운데 진정한 글이 나오는 것이야말로 정한 이치이다. 하여 '문학을 합네.' 하고 패거리를 지어 이리저리 어울려 다니기를 밥 먹듯 해서는 안 된다. 문학으로써 자신을 과시하려 함은 좋은 글을 쓰는 일과는 거리가 멀고멀다는 것을 깨닫게 된다.

하기야 문우들끼리 벗하며 서로 위로하고 정을 나누는 일을 탓할 수는 없겠다. 나 역시도 현재 문사입네 하고 여기저기 이름을 걸어 놓은 게 사실인데 그런 일들이 다 부질없는 짓이 아니었나 싶다. 이제는 마음 닦음에 더욱 노력하고 그런 헛된 행사치레 참석을 자제하려고 한다. 흑백을 가려가며 행사 참석할 것을 다짐하게 되었으니 앞으로 내 자세가 보이는 것 같다.

문인은 글로 승부를 해야 한다. 등단 작가라는 표찰을 무슨 감투처럼 달고 다니면서도 함량 미달 글을 발표한다면 그건 부끄러운 일이다. '채석장에서 돌을 깨는 석수장이가 돌 깨는 기술을 배우기도 전에 눈깜짝이부터 배운다.'고 했다. 한편 생각해 보면 내가 그런 철없는 석수장이가 아니었나 싶어 얼굴이 화끈거린다. 그러고 보니 문단의 훈장을 가슴에 주렁주렁 매달고 의기양양했던 팔불출이 나의 자화상이 아니었던가 싶다.

그래서 요즘 그저 부끄럽기만 하다. 글쓰기는 뒷전이고 겉치레 행사에나 뻔질나게 찾아다닌 내가 이 동네 저 동네 잔칫집을 기웃거리는 비루먹은 강아지와 무엇이 다르겠는가. 모름지기 글 쓰는 사람은 고요히 홀로 앉아 마음을 한곳에 모을 줄 알아야 한다. 그렇지 않고 어떻게 내면을 관조할 수 있겠는가. 깊은 곳을 들여다보지 않고 무슨 글을 쓴단 말인가.

현대인 병은 방 안에 앉아 있을 수 없는 데서 비롯된다고도 한다. 하기야 사람은 누구나 고독을 무서워하고 혼자 있기를 싫어한다. 소위 격리불안을 갖고 있다고 한다. 집단에서 격리되어 왕따 당하는 일이라든지 외톨이가 되어 소외될까 봐 무서워하는 일 등이 그것이다. 『사랑의 기술』을 쓴 작가 에리히 프롬도 인간은 누구나 외로움을 무서워하고 고독을 겁내며 그런 불안을 극복하지 못한 데서 정신병이 도진다고 했다.

글을 쓰는 사람이 고독을 겁내면 글이 되질 않는다. 인간은 혼자가 돼 봐야 경건해지고 겸허해진다. 그래야만 좋은 글을 쓸 수 있다고 본다. 홀로 명상에 잠겨서 좋은 글을 구상하고 마치 한 그루 외로운 소나무가 언덕 위 바람맞이에도 꿋꿋이 서서 온갖 풍상에 견디듯 해야 한다. 혼탁한 세상에 휩쓸리지 않고 의연한 선비 자세를 지키며 살아야 할 것이다.

이런저런 생각 다 던져 버리고 조상들이 살았던 생활방식처럼 고고한 삶을 살아간다면 어떨까. 그런 생각을 하며 옛 어른들 행적을 더듬을 때마다 내가 몸담은 문학단체 이런저런 직함을 훨훨 벗어 버리려고 하지만 세상사가 마음대로 되질 않는다.

책 보따리 하나 옆에 끼고 청정한 자연으로 돌아가고 싶다. 어떤 경지에 이른 스님처럼 면벽하여 자신을 조용히 들여다보고 싶어지는 것이 앞으로의 나 자세다. 내 몸속에 그런 디엔에이DNA가 살아 움직이고 있는 것 같다.

더더병病

삶의 비애랄까. 살다 보면 원인 모를 슬픔을 느낄 때가 있다. 터무니없는 걱정으로 번민에 잠길 때가 주로 그렇다. 천석꾼은 천 가지 걱정, 만석꾼은 만 가지 걱정이라 했듯이 걱정 없는 사람은 없다. 나는 겨우 식솔을 굶기지 않을 정도인데 무슨 재산이 많은 사람처럼 태산 같은 걱정만 짊어지고 다니는 것 같다. 그러면서도 이따금 억울하다는 생각을 하며 안 해도 될 걱정을 수시로 하고 있다.

옛날 중국 기杞나라 사람들이 그랬다고 한다. 그들은 하도 걱정이 많아서 날이면 날마다 하늘을 쳐다보며 '하늘이 무너지면 어떻게 하나?' 하며 고민했다는 것이다. 또 어떤 사람은 '땅이 꺼져 버리면 어쩔꼬?' 하고 안절부절못했다고 한다. 그러나 그런 일은 결코 일어나지 않았다. 그처럼 안 해도 될 걱정을 하며 불행하게 살았다 해서 기나라 杞 자에다 걱정할 憂 자를 붙여 '기우杞憂'란 말이 생겼다고 한다.

알고 보면 내 삶도 크게 다를 바 없다. 눈비를 가리는 집이 있고 가족을 굶기지 않을 정도면 될 것을 '더 잘살아야지, 명품을 더 사야지.' 하는 욕심 때문에 쓸데없는 고민을 하지 않았나 싶다. 지금으로서도 충분한데 더 가지고 더 높이 오르려고 더더 하는 '더더병'에 걸린 것은 아닌지.

하지만 가진 자가 가난한 사람보다 반드시 더 행복하다고는 말할 수 없다. 가난하면 불행하다는 수학공식이 성립될 수는 없다. 지구촌 사람들 행복지수를 보면 못살기로 손꼽히는 방글라데시 사람들 행복지수가 다른 나라보다도 훨씬 높다고 한다. 경제적으로 넉넉하다는 스웨덴이나 노르웨이 사람들 자살률이 제일 높다는 통계 수치는 잘산다는 것이 반드시 일치하지만은 않음을 보여 준다.

옛이야기지만 어떤 부잣집에 머슴살이하는 노인 한 사람이 있었다. 그는 고된 일을 하루 종일 하고 나서 밤이면 어찌나 곤하게 잠을 자는지 꿈도 꾸지 않고 깊이 잔다는 것이다. 숙면은 오복 중 으뜸이요 불면증처럼 괴로운 병도 없다. 그러나 그 집 주인은 돈이 많아도 밤에 잠을 이루지 못해 자다 깨다를 반복하는 실면失眠으로 고생했다. 겨우 잠이 들면 이번에는 악몽으로 잠을 설쳤다.

잘사는 사람이 꿈에 어느 집 종이 되어 있었다. 날이면 날마다 고된 일에 부대끼고 툭하면 몽둥이로 얻어맞으며 울다가 잠이 깨곤 했다. 그 부자가 고용살이하는 늙은 머슴보다 행복한 사람일까? 이는 사람의 행복은 마음의 평화에 있는 것이지 물질적인 부富는 2차, 3차적 문제라는 것을 말해 주는 우화다.

나는 별 번뇌로 고심하며 살아가고 있다. 밥을 굶거나 옷을 못 입어서가 아니다. 그중에 하나가 좀 더 아름답고 멋진 글을 쓰고 싶은데 그게 쉽지 않아서이다. 이백李白 시나 제갈량諸葛亮 출사표出師表 같은 명문장을 꿈꾼다기보다 그저 내 글을 읽는 이로 하여금 빙그레 미소 짓는 수준으로 쓰고 싶은 그것이다. 좋은 글을 쓸 수만 있다면 그보다 더한 행복이 어디 있겠는가. 그런 소망이 쉽게 이루어지는 세상은 아니다. 마음만 간절할 뿐 소금쟁이가 제자리에서 맴돌듯이 내 주위만 더듬고 있으니 그게 고민거리다. 수필 쓰기 본질이란 따분한 일상의 신변잡사를 떠나 대자연의 깊고 오묘한 그 어떤 것, 생명체의 신비로움, 그리고 마음 속 깊이 자리한 아름다움을 건져 올려야 한다. 수필집을 일곱 권이나 출간했지만 그게 마음대로 안 되어 고민이다.

하기야 글쓰기가 커피 한 잔 마시듯 그리 쉬운 일이라면 애당초 글 쓰는 걱정이란 없을 것이다. 왕년의 명수필가 김소운 선생도 뛰어난 문장가였지만 글 쓸 때마다 고생이 많았다고 한다. 글은 써지지 않고 머릿속에서 뱅뱅 돌 뿐 미리 받은 원고료를 반납하고 원고 청탁을 거절하고 싶어도 이미 술값으로 다 써 버렸는지라 고민을 거듭하다가 겨우 마감 날짜에 부랴부랴 원고지를 채웠다고 한다.

그런 대가들마저 글쓰기로 고민했다는데 나 같은 풋내기야 두말할 필요가 있으랴. 글쓰기가 어렵다고 불평함이 되레 건방진 생각이 아닐지. 예로부터 글 쓰는 이를 우러러보고 존경한 것은 그처럼 어렵기 때문이지. 그저 예사로 글이 나온다면 뭣 때문에 문사를 높이 쳐주고 글 가르치는 스승을 하늘처럼 받들었겠는가.

그러고 보니 내게도 즐거워할 일들이 없는 것은 아니다. 이 세상에 내놓은 제1수필집 『천성대로 사는 재미』라든지 제2수필집 『꽃을 든 남자』 한 편을 골라 다시금 음미할 때가 그렇다. 경력이 다소 쌓인 요즘 제7집에 비교하며 이따금 수필 쓰기가 밥 먹여 주나, 하는 자조적인 생각이 들 때도 있다.

나의 글 중에서 미진한 부분을 부족하다는 것을 알 때 그만큼 발전했다는 증거가 아닌가. 글 쓰는 일이 잘 안 풀린다고 해서 불행하다고 생각했던 내가 부끄러워진다. 못난 글이지만 굼벵이같이 조금씩 꿈틀대며 전진하는 것은 사실이지만 거기에 자만하는 이는 없지 싶다. 재물을 탐한다면 추악하지만 글쓰기 욕심으로 더더 하는 것은 그다지 탓할 일은 아니다. 글쓰기에 진도가 없어 제자리만 맴도는 내가 더더 욕심을 내는 건 몹쓸 병이 아니라는 변명이다. 굼벵이처럼 전진하더라도 나는 행복한 사람인 것 같다.

가을은 오는데

이슬 맺힌 풀잎과 갖가지 잡목들이 무척이나 싱그럽다. 정상으로 올라가는 오솔길을 따라 걷다 보면 간간이 불어오는 바람결이 그토록 시원할 수가 없다. 온 나라를 흥분의 도가니로 몰아넣었던 2008베이징 올림픽 열기도, 한증막 같던 여름도 이젠 저만큼 꼬리를 내렸는가. 서늘한 촉감이 피부에 와닿는 걸 보면 어디쯤 가을은 오고 있는가 보다.

금련산 오솔길을 한참 걷다 보니 예기치 못한 등산객 발걸음에 놀란 장끼가 푸드덕 날아오르면서 새벽안개를 날린다. 어스레한 먼 바다를 바라보니 바다만큼 온 세상이 평화롭고 시장 바닥을 옮겨 놓은 듯 여름내 외지 사람으로 붐비던 광안리 해수욕장도 텅 비어 있다. 그도 그럴 것이 아침 산책길에 반바지 차림인 내 종아리가 서늘하게 느껴지는 걸 보면 가을도 성큼 다가선 것 같다.

저 멀리 광안대교 너머로 시선을 돌려 본다. 아침 햇살이 엷은 구름을 밀치고 만삭의 임부처럼 뒤뚱거리는 모습이 안쓰럽다. 수평선 너머 아침노을이 저리도 고우면 저녁때 비라도 한 줄금 내릴 것인가. 오늘처럼 한가한 아침시간이 아니면 뒷동산이나 해안선 아름다움을 느낄 수가 없지 싶다.

저기 저쪽, 가물가물한 수평선에는 작은 배 한 척이 용호만龍湖灣으로 들어가고 있다. 생존이 걸린 먼 바다에 나가 밤새도록 집어등을 밝히고 그물을 내려 감당 못할 피로에 짓눌린 어부들이다. 얼핏 보아도 만선인 듯 뱃전이 반쯤 잠긴 걸 보면 얼마나 다행인가.

아하! 고깃배들은 은빛 비늘이 반짝이는 가을 전어를 한 배 가득 싣고 온 것이 틀림없다. 어획량이 얼마나 되는지도 모르면서 그런 동정심에 추상적인 판단을 하는 건 분수를 모르고 하는 일이다. 일찍이 러시아 철학자 체르니셉스키는 조그만 어선이라도 상황에 따라 어획량이 달라질 수 있다고 했다. 오늘만은 내 추측이 들어맞아 그들의 풍어가豊漁歌를 들을 수 있으면 얼마나 좋을까. 사람들은 어떤 생각을 하는 과정에서 이런저런 착각도 할 수 있다. 내 마음대로 상상하고 결정하는 일은 되도록 삼가야겠다는 생각이 든다.

어느덧 등산객들이 쉬어가는 쉼터에 다다랐다. 체조를 하는 사람에다 철봉과 역기를 드는 사람, 훌라후프를 돌리며 연방 몸을 비트는 사람들로 금련산 중턱 아침은 그야말로 구구각각이다. 저 사람들은 저렇게 열심히 운동을 하는 목적이 뭘까? 비록 힘겹고 어려운 일이 닥친다 해도 거침없이 헤쳐 나가겠다는 각오를 다지겠지. 집채보다 더 크고 무쇠보다 더 단단한 염원이 그들 마음속에 자리 잡고 있으리라.

그런 생각을 하면서 단숨에 정상에 다다랐다. 길가 노르께한 억새 잎에서 어느덧 가을이 저만치 오고 있다는 것을 느낀다. 햇볕이 따갑던 여름에는 억새란 이름 그대로 억세고 청정하기만 했는데 말이다. 한때 세상을 다 휘어잡았던 칭기즈칸 창날처럼 날카롭고 기세등등하던 그것들이 이제 갈색으로 변하고 있는 걸 바라보고 있다. 내 삶도 종래는 저러하겠지. 산정 억새를 보며 나를 스쳐간 세월을 느낀다.

드높은 하늘과 삽상한 바람은 오늘 아침 유독 정겹다. 금방이라도 붉은 물이 묻어날 것 같은 애기단풍과 저 아득한 들녘 가득히 익어가는 곡식들은 제 삶을 제대로 산 것 같다. 가을은 넉넉하고 풍요롭다. 소슬한 가을바람에 풀벌레들이 우는 밤이면 삶의 덧없음과 허망함을 절절히 느끼다가도 정상에서 내려다본 한 편 실루엣으로 풍요로운 가을을 기대한다.

지금 내 생도 늦가을 풍요로운 들판 속에 있을까. 서쪽 하늘엔 철새 몇 마리가 날아가고 있다. 어디로 가는지 알 수 없지만 힘찬 날갯짓은 분명한데 어쩌면 저렇게도 외로워 보일까. 백로白露가 지나면서 아침 햇살이 싫지 않다. 가을도 깊어가고 내 연륜 따라 생각도 깊어진다.

이 인간들아

어느 주차장에서다. 좁은 공간에 차를 대느라고 차창을 열고 후진하다 보니 시커먼 벌레 한 마리가 날아 들어와 차 안을 빙빙 돈다. 그러다 운전대에 달라붙는 걸 보니 시커먼 똥파리가 아닌가. 흉측스럽다기보다 불결하고 그 자체가 세균덩어리인 것 같아서 혐오스럽다.

엉겁결에 신문지를 뭉쳐 내려치려다가 멈칫했다. 문득 유유상종이란 말이 떠올랐기 때문이다. 그 녀석은 비록 미물이라 해도 자기와 통하는 동무를 찾아들어 온 모양이다. 내 차 속으로 날아든 걸 보면 아무래도 차주인 나를 저들과 한통속으로 본 걸까. 인간과 상대가 되지 않는 파리를 내려치려는 내가 과연 정당방위인지 몸과 마음을 움츠릴 수밖에 없다. 혹시 차 안이 불결하거나 무슨 비린내 나는 물건이라도 실어 두었던가 살펴보았다.

설악산 대청봉으로 등산 갔을 때 이야기다. 힘겹게 정상에 올랐는데 가지고 간 도시락 뚜껑을 열자마자 난데없는 파리 떼가 새까맣게 달라붙는 것이 아닌가. 청정해야 할 국립공원에 보통 파리보다 몸집이 두 배나 큰 똥파리 떼가 들끓다니 이 무슨 망측한 일인가 싶었다. 연신 녀석들을 내쫓으면서도 그런 해충보다 오히려 더 환경을 훼손시킨 인간들이 원망스러웠다. 대청봉 1707m 정상에 파리 떼가 들끓게 만든 건 누구란 말인가. 이러고도 사람이 잘났다고 우쭐댈 자격은 있는가. 파리 떼 같은 하루살이를 더럽다고 나무랄 수 있는가 되물어 보았다.

이런 걸 봐도 만물의 영장이라는 인간이야말로 하루살이보다 등급이 더 낮은 생물체로 분류될 수도 있다. 인간이란 너울을 쓰고도 파리보다 더 불결한 사람이 얼마나 많은가. 혹시나 그런 불행한 존재가 내가 아닌가 하는 반성으로 스스로를 치열하게 되돌아본 날이다.

그러고 보니 내 승용차 안에 들어온 그 녀석도 '인간들은 참 꼴불견이구나.' 하며 꼴불견不見이란 단어에 무게를 두는 것 같았다. 나는 '아닐 不' 자를 보고 비웃지만 한 마리 파리도 아닐 不 자로 시작하는 말들에 대해 할 말이 있지 싶었다. 이를테면 불량배, 불량식품, 남의 돈 떼어먹고 야반도주하는 부도不渡에 대해 한번 변명을 해 보라고 입에서 거품을 내뿜었지 싶었다.

그런 글자는 대개 더럽거나 폐쇄성이 짙다. 그 의미를 찬찬히 풀어 보아도 인간이 스스로 만들어낸 인과응보가 틀림없었다. 사람 생명과 재산을 앗아가는 부실공사, 혈육의 정마저 파괴한다는 불륜관계 등 부정적인 글자를 칭칭 감고서는 명산대찰을 찾아다니면서 화엄인지 반야정신인지를 논할 자격이 있다는 말인가.

그러면서 저네들이 단 하루라도 더 살아야 하는 논리를 조목조목 내세운다. 어차피 며칠 못 살 파리 목숨인데 번듯한 승용차 안으로 힘들게 들어왔으니 할 말이나 다하고 맞아 죽자는 투로 나에게 항의했다. 그러면서 '윙윙' 날갯짓을 하며 나에게 대들 것 같았다.

그런 질타성 시위에 아차 싶었다. 그 순간 도를 깨친 사람처럼 파리를 내려치려던 신문지를 내려놓지 않을 수가 없었다. 조물주는 비록 미물이라도 인간에 버금가는 본능적인 감성을 고루고루 나눠 주었구나 하는 생각이 들어 그 녀석들 행태를 얕잡아 볼 수가 없었다.

그런 충고를 듣는 순간 나는 아무 대답도 못하고 멍하니 바라보기만 했다. 인간들은 모두가 군자라고 자처하지만 한 마리 하루살이보다 나은 것이 무엇인가. 그런 증오에 찬 눈초리로 씩씩거리더니 열린 차창 밖으로 윙 하고 날아갔다. '야! 이 인간들아' 하면서 충고할 때 내가 지은 죄업으로 앙갚음을 받게 되는 인과응보라는 말을 떠올렸던 것이다. 미물인 파리 한 마리도 때로는 나를 반성하게 하는구나 싶던 날이다.

솔가지에 내린 눈

밤새 눈이 내렸다. 아침 출근길에 눈 덮인 금련산 정상을 바라보니 한 폭 동양화처럼 아름답다. 문득, 고향 겨울 산이 그리워진다. 시골 산천은 사시사철 아름답지만 눈이 내리면 신비롭기까지 하다. 가지마다 활짝 핀 꽃처럼 함박눈을 이고 서 있는 소나무들. 아침 햇살을 받은 솔가지가 보석처럼 영롱하게 빛나던 정경이 눈에 선하다.

나는 가끔 고향 안동에 간다. 그때마다 잘 닦은 고속도로를 마다하고 영천永川읍에서 청송靑松 방면으로 가는 꾸불꾸불한 국도로 간다. 아름다운 산천과 들판, 거기다가 청정한 소나무, 서정적인 전원풍경을 즐기며 지나다닌다. 얼마 전에도 영천과 청송군 경계지점인 노귀재 고갯길을 지날 때는 눈을 인 솔가지 매력에 빠져 속도를 반으로 줄였다. 그곳은 꼬부랑 고개인지라 그날따라 산자락에 눈이 덮여 장관을 이루었다. 길가에 차를 세우고 밑동을 안아 보기도 하고 얼굴을 굴피에다 비벼보기도 하며 솔향기에 잠시 취했다.

그 소나무들은 정갈한 한복에다 갓을 쓴 선비가 정자에 앉아 글 읽는 모습을 연상케 했다. 어찌 보면 군악대가 북치고 나팔을 불며 삶에 지친 사람들에게 더 넓은 세계로 나아가라며 용기를 주는 장면 같기도 하고. 그 고개를 넘는 길손 한 사람 한 사람에게 금의환향을 빌어 준다면 과장일까.

그중 유난히 눈길을 사로잡는 것이 있었다. 솔 씨가 터진 지 몇 해 되지 않아 아직도 가지가 야들야들한 놈, 순이 웃자라 멀대 같은 것, 그중에서도 등걸이 굽은 데다 무거운 눈까지 잔뜩 인 노송 한 그루가 너무나 애잔했다. 척박한 바위틈에서 무겁다는 내색 한마디 없이 힘든 삶을 묵묵히 견디는 우리 모습을 너무나 닮았다. 이러쿵저러쿵 말로써 말 많은 삶 살지 말고 묵묵히 자연에 순응하며 무념무상無念無想을 배우라고 인간에게 보여 주는 것일까.

그래서 나는 겨울 소나무를 좋아한다. 북풍한설 몰아치

는 날 산마루에 홀로 꿋꿋하게 서 있으면서도 가을이면 다 떨어내 버리는 잡목처럼 호들갑을 떨지 않는다. 여름이든 겨울이든 덥다 춥다를 내색하지 않고 언제나 부동자세로 제자리를 지킨다.

옛사람들이 매화, 대나무와 더불어 세한삼우歲寒三友로 기린 뜻을 짐작할 만하다. 가지마다 흰 눈을 인 채 묵묵히 서 있는 광경이 가장 좋다. 단순히 솔잎에서 흰 꽃이 피었다기보다 저 깊은 곳에 응축된 정신력 굳셈을 읽게 한다. 그런 영적 미美를 소나무에서 읽는다.

우리 인간은 아부도 잘하고 카멜레온처럼 변신도 잘한다. 하지만 솔은 그런 군상들을 비웃기라도 하듯 곧은 자세든 굽은 모양이든 흩트리지 않고 사철 푸르다. 겨울 소나무를 바라보며 고갯길 굽이를 돌아갈 때는 어디선가 들려오는 솔바람 소리를 듣기 위해 승용차 문을 스르르 열지 않을 수가 없다.

사육신 성삼문 선생의 '봉래산 제일봉에 낙락장송 되었다가 백설이 만건곤할 제 독야청청하리라.'라는 시조 한 구절이 떠오른다. 그 얼마나 장엄한 글인가. 수양대군은 절대자에게 대항했다 하여 삼백여 명이 넘는 사람을 죽였다. 그러나 성삼문 선생에게는 마음을 돌려 보려고 갖은

회유공작을 펼쳤지만 뜻대로 되지 않자 혹독한 단근질까지 자행하지 않았던가. 그런데도 충신 성삼문은 끝끝내 세조를 왕이라고 부르기를 거절하고 죽음을 택했다. 소나무를 볼 적마다 충신열사를 대하듯 경배를 드린다.

나는 곧게 자란 것보다 못생긴 솔을 더 좋아한다. 온갖 풍상을 다 겪은 듯 굽고 못난 것일수록 더 운치 있다. 바람이 불면 부는 대로 눈이 오면 오는 대로 말없이 서서 기쁨과 괴로움을 속으로 삭이는 솔의 인내심을 닮고 싶다.

내 목소리 듣기

아침이다. 창을 열고 먼 하늘을 바라보고 기지개를 켠다. 시원한 바람이 불어오고 새소리에다 햇살이 쏟아져 들어온다. 이런 날 떠올리기 싫은 일이 생각나는 것을 보니 마음속에 스트레스를 받고 있다는 증거인 것 같다.

가벼운 차량 접촉사고를 당했다. 복잡한 사회를 살다 보면 이런 일쯤이야 다반사이겠지만 대화가 통하지 않는 사람이 가해자였다. 이유가 어찌 되었건 간에 내 승용차에다 손상을 입히고도 변상해 줄 생각은커녕 도리어 억지를 부리기에 급기야 경찰에 신고하기에 이르러서 내 마음은 그야말로 착잡했다.

내 천성은 시비하기를 싫어한다. 남 앞에서 목소리 크게 한번 높이지 못한다. 갑작스럽게 당한 일이라 어떻게 대처할지, 고민이 쌓이기 시작했다. 그때였다. 이런 사태를 내 얼굴만 보고도 눈치챈 친구가 충고했는데 그 따끔한 말 한마디는 한 첩의 보약이나 다름없었다. 가장 멋진 복수는 가해자를 용서하는 것이라고 말한 것이다.

보상을 받는 것보다 용서라! 좋은 일이든 궂은일이든 시비를 걸지도, 또 휘말리지도 말아야 한단다. 그러면서 사람이 사람답게 산다는 것이 어떤 것인가에 가만히 생각해 본다. 이를테면 창문을 열고 먼 하늘에 철새들이 유유히 날아가는 모습을 바라보란다. 닭들이 모이 쪼는 광경을 물끄러미 바라보며 한 줄기 횅 바람이 일면 한발 뒤로 물러설 줄도 알아야 한단다. 손바닥만 한 밭이라도 내 손으로 씨 뿌리고 김을 매어 자급자족하면 됐지 왜 복에도 없는 송사를 걸어 욕심을 부리느냐고 나무랐다.

그날은 구름 한 점 없이 맑았다. 그럴 때 내 마음도 덩달아 밝아졌다. 신뢰하는 친구 충고 한마디에다 한없이 청명한 하늘의 축복이 있던 날 무거운 짐을 내려놓듯이 보상받지 않고 소송을 취하했다.

소설가 프랑수아 모리아크는 한 사람의 벗은 한 쌍의 귀를 의미한다고 말했다. 마음을 열고 곧 상대의 말을 귀담아들어 주는 사람이라는 의미다. 남의 말을 귀담아듣는다는 것은 쉬운 일은 아니다. 그러나 그날 친구 말을 마음으로 받아들여 내 생각을 한층 업그레이드시키고 꽉 막힌 가슴을 활짝 열 수 있었다. 무겁게 내리누르던 짐을 벗고 날아가듯 가뿐했다.

그나마 다행인 것은 아직도 듣고 보는 것만은 정상적인 기능을 유지하고 있다는 사실이다. 아름다운 자연을 보면 눈이 즐겁고, 칭찬을 들으면 마음이 우쭐해지니 그만하면 나도 그다지 불행한 사람은 아니지 않은가. 다만 상대의 말에 성실하게 귀 기울여 들었던가 물으면 부끄러워진다. 그런 버릇은 내 못난 인격 탓이요, 꽉 막힌 생각에 사로잡힌 협량狹量 탓이다.

참다운 행복을 추구할 줄 모르고 홀가분한 기분으로 살 줄 몰랐다. 실타래처럼 엉킨 것이 우리의 삶이라 하지만 모든 질서가 물 흐르듯이 자연적이어야 하는데도 고깃덩어리를 문 사냥개가 으르렁거리듯이 감정의 소용돌이 속에서 아옹다옹하지 않았던가.

그런 걸 보면 듣는 일은 참으로 중요하다. 그리고 누가 물리적으로 눈과 귀를 막는 일이 없는 삶이었으면 좋겠다는 생각을 해 본다. 오늘과 내일 그리고 그다음 날도 그럴 수 있다면 하고 바랄 뿐이다. 오늘처럼 바람 소리, 새소리, 그리고 파도 소리…. 자연의 온갖 소리를 듣는 것은 인간에게 주어진 특권이다. 두 귀는 물론이고 가슴까지 열고 모든 소리를 들을 수 있어야 한다.

그때 교통사고 피해를 입고 쩔쩔맬 때 나의 두 귀를 뚫어 준 벗의 목소리도 들려온다. 남의 말을 잘 듣고 소화할 줄 안다면 크나큰 복을 누리고 사는 사람이 되리라. 가슴속 저 깊은 울림도 들려오는 것 같다. 세상의 모든 소리가 잘 들리니 내 마음도 밝다. 참으로 상쾌한 아침이다.

광안대교 때문에

집 가까이 해수욕장이 있다. 가끔 그 바닷가를 걷는다. 일상에 지친 몸을 추스르는 데는 바닷가를 산책한다면 기분이 더없이 좋아지기 때문이다. 먼 바다에서 불어오는 싱그러운 바람을 가슴 깊숙이 들이마시며 천천히 걸으면 켜켜이 쌓인 삶의 찌꺼기들이 말끔히 씻어진다.

눈을 돌리면 광안대교가 수평선 위로 클로즈업된다. 그 다리를 바라보고 앉아 쉬는 사람도 있고 유모차를 앞세운 젊은 부부, 백사장을 산책하는 사람도 많다. 그들 틈에서 걷다 보면 아름다운 그림 속을 거니는 듯하다. 이런 멋진 곳에 살고 있는 것이 행복은 아닐지.

무슨 물건이든 너무 크면 싱겁다고 한다. 하지만 길고 웅

장한 광안대교는 그저 아름답기만 하다. 그러나 그 육중한 모습은 낮보다는 밤에 봐야 진가를 알 수 있기 때문인지 밤이 되면 불야성을 이룬다. 인근에 사는 주민은 물론 관광객들까지 몰려들어 푸른 물결에다 황홀한 조명에 취한다.

한낮에 바라보면 그저 동해를 가로지르는 거대한 하나의 철골 구조물에 불과하겠지만 대지에 스르르 어둠이 깔리고 상업지역 쇼윈도에 불이 켜지기 시작할 때쯤이면 매혹적인 모습으로 변신을 시도하기 때문이다. 장대한 몸체에 보석처럼 빛나는 전등을 수없이 매달고 사람들을 유혹한다. 그 불빛이야말로 찌든 가슴을 따뜻하게 해 줄 것 같고 무슨 소원이라도 다 들어줄 것처럼 반짝이며 다가온다.

그러나 어디에도 비교할 수 없는 광안대교라고 해서 칭찬과 박수만 보낼 수는 없다. 마주 보는 백사장 은빛 모래에 와 부딪치는 물결 소리하며 주변 경관이 더없이 아름다웠던 곳이었는데 다리가 들어서고부터 바닷가 곱디곱던 자연환경이 흉물스럽게 변했다고 울상 짓는 이도 많다. 또 관광객들이 마구 토해 낸 쓰레기로 골머리가 아프다는 이들도 있다.

한때는 거울처럼 맑고 아담한 반월형 어촌이었다. 지금은 그 주위가 온통 환락가로 변해 버렸으니 실망이 크다.

남천만南川灣 따라 만선이라는 깃발을 단 고깃배들이 드나들던 아름다운 포구였는데 이제는 마구잡이 매립에다 고층 아파트가 들어서서 청정자연은 급속도로 사라지고 있다.

촘촘히 박아 놓은 광안대교 교각은 바다 밑으로 얼마나 깊게 묻힌 것인가. 그것이 자연스런 바닷물 흐름을 막는다는 환경 진단이 더욱 사람들을 실망케 한다.

몇 해 전 내가 속해 있던 어느 단체 회원들과 등산을 다녀오는 관광버스 안에서였다. 마침 차가 곡각지점을 통과하느라 차체가 흔들리면서 그들이 심심풀이로 치고 있던 화투장이 바닥에 떨어져 파투가 되어 버렸다. 그러자 돈을 따먹기 일보직전 누군가가 느닷없이 큰 소리로 외쳤다. "노무현 대통령 때문이다" 그 말에 차중 일행들은 "와아!" 하고 웃음을 터트렸다. 그 당시만 해도 대통령 인기가 별로 없었던지는 모르지만 도대체 화투와 대통령이 무슨 상관이란 말인가. 탄핵소추로 들끓던 시대상 한 단면이라고 할 수도 있지만 어쨌든 우울한 기분을 떨칠 수 없는 사건이었다.

사람들은 덕을 보면서도 돌아서면 그것을 탓하는 버릇이 있다. 그 가장 비근한 예가 터무니없이 욕을 먹는 노무현 대통령이고 다음이 우리 동네 광안대교가 아닌가 싶다.

그런 어처구니없는 소리를 수없이 듣고서도 사람들에게 이로움을 주고 말없이 침묵하고 있는 모습도 노무현 대통령과 광안대교는 서로 닮았다.

에디슨은 무려 2천 번이 넘는 실패 끝에 전기를 발명했다. 그런 고심 끝에 발명한 전기에도 사람들은 곧잘 잘못을 뒤집어씌운다. 화재가 나면 누전이라 해서 전기가 스스로 불을 냈다고 한다. 인간들 잘못은 온데간데없고 전기를 탓하기 일쑤다. 사람이 잘못해서 불이 났다면 그 책임은 실로 클 수밖에 없다. 막대한 손해 배상금에다 벌금까지 물어주다가 신세를 망치게 된다. 그래서 말 못하는 전기에 죄를 뒤집어씌우는지 모른다. 온갖 혜택을 받고 살다가도 여차하면 애꿎은 그 다리에게 혐의를 돌리는 심성들이 실로 얄궂다.

오늘도 광안리 바닷가를 거닌다. 멀리 짙푸른 동해를 배경으로 의연히 버티고 서 있는 광안대교…. 부산 영도다리가 한 시대 아픔과 애환의 상징이었다면, 21세기 부산을 상징하는 밀레니엄 다리라고 말할 만하다. 옳으니 그르니 설왕설래가 많지만 의연히 제자리를 지키는 광안대교가 더 믿음직스럽고 자랑스럽다.

제5부

호모 헌드레드

사과를 따면서

사과 따는 일을 거들었다. 늦가을 햇살이 따사롭던 날, 고향 마을 입구에 있는 삼종제三從弟 과수원에서였다. 오랜만에 해 보는 농사일이었지만 별로 힘든 줄 몰랐다. 힘들다기보다는 오히려 화려한 노동이라고나 할까. 사과 따는 도우미를 자청한 일이 무척 시詩적이며 멋지다는 생각이 들었다. 파란 물감을 들인 듯한 가을 하늘을 배경으로 루비처럼 붉은 사과가 가지에 주렁주렁 열렸다.

그 아름다운 열매를 차라리 따지 말고 그대로 둔 채 오래오래 보고 싶다는 엉뚱한 생각이 들기도 했다. 그러나 그런 생각은 나 같은 어설픈 문사의 사치스러운 상상일 뿐이고 사실 사과 농사처럼 고역도 없다. 쌀농사가 여든여덟 번의 손길이 간다 하여 여덟八 열十 여덟八을 순서대로 쓴 글자인 쌀미米 자가 됐다고 한다. 사과 농사 역시 그 이상으로 정성과 노력이 들어야 비로소 튼실한 결실을 얻을 수 있다.

사과 한 알에서 그런 보람과 정성의 흔적을 읽는다. 지난 초겨울 고향에 들렀을 때도 동네 어귀에 들어서자마자 과수원마다 열심히 가지치기를 하고 있던 사람들을 만났다. 상처 난 과수나무에 약도 발라 주고 그루마다 거름을 주는 그들 모습이 병든 자식을 돌보는 어버이 모습을 닮았다고 느꼈는데 내년 봄을 기다리는 희망으로 부풀어 있었다.

농사짓는 사람 마음을 농심農心이라 했다. 정성을 다해 김을 매고 물을 주는 농부 마음, 뿌린 만큼 거두는 가장 정직한 인과응보 법칙이 작용하는 것이 농심 아니겠는가. 그러기에 농사짓는 마음은 거짓을 모른다. 농작물은 정성을 쏟으면 쏟은 만큼 정직하게 그 마음에 보답하기 때문에 주렁주렁 열려 주기를 바라며 농한기인 겨울에도 그들 곁에서 땀을 흘린다.

사과는 참으로 좋은 과실이다. 향기롭고 맛있고 게다가 항암 성분도 듬뿍 함유하고 있다. 사과가 신화에 등장하고 수천 년이 지난 지금까지 과일 중에서도 왕으로 대접 받는 것도 그런 이유가 아닐까. 인류역사는 세 개 사과가 결정했다는 말이 있다. 그 첫 번째가 트로이 사과이며, 두 번째가 만유인력 법칙을 발견한 뉴턴의 사과이다. 그리고 아들 머리 위에 사과를 얹고 화살을 쏘아 떨어뜨렸다는 윌리엄 텔 사과가 세 번째라고 하며 맛과 향취에다 인류사적 의미도 큰 과일이다.

그런 사과의 멋들어짐에 비하면 인간 손길은 너무 현실적이다. 혹독한 봄바람을 이기고 갓 피어난 연하디연한 꽃을 솎아내어 내동댕이친다. 한 가지에 너무 많은 꽃이나 열매가 달리면 가을엔 등외품이 될 수도 있기 때문이다. 솎아내기 작업에 온 가족을 동원한다. 그도 모자라 인근 동네 일꾼들과 심지어 동남아 등지에서 불법 입국한 노동자들 품까지 빌려 며칠씩이나 계속하는 판이다.

한때 둘만 낳아 잘 살아 보자고 정부에서 산아제한을 홍보하던 캐치프레이즈가 생각난다. 나는 그 관제官製 캠페인 순응자가 되어 그들이 가르치고 억누르는 대로 꼭두각시 춤을 췄다. 아내 배란주기가 언제인지 훔쳐보기도 하고 달력에 무슨 표를 해 놓기도 했다. 돌이켜보면 그것은 사과나무에 올망졸망하게 열린 여린 열매를 솎아내는 작업과 크게 다르지 않다는 생각이 든다.

사과꽃이 필 때, 어떤 것은 운 좋게 살아남아 보람된 열매를 맺고 또 어떤 꽃은 여지없이 솎여 밭고랑으로 내팽개쳐진다. 그러나 운 좋게 살아남은 꽃도 한여름 내내 거센 비바람과 고속 분무기가 안개처럼 퍼붓는 독한 농약을 뒤집어쓰며 살아남아야 한다. 그런 시련을 다 이겨내야 튼실한 사과로 아름다운 자태를 드러낼 수 있다.

우리들 한평생도 그것과 무엇이 다를까. 절에 가서 아들 점지해 달라고 백일기도를 올렸거나 삼신할미에게 손바닥을 비벼서 얻은 자식이라 해도 청소년 시절 심적 방황과 고민을 이겨내야 한다. 자칫 나쁜 길로 빠지지 않아야 비로소 한 사람의 성인으로 성장할 수가 있다. 냉혹한 사회 무한경쟁에서 살아남아야 인생의 승리자가 되는 것이다.

생각해 보면 한 알 사과가 먹음직하게 굵어져서 내가 존경하는 분에게 마음의 선물로 보낸다거나 사랑하는 친구들 입을 행복하게 해 줄 때까지 그런 험난한 과정을 거쳤음을 알 수 있다. 그런 과정보다 몇 배나 힘들고 어려운 것이 인생역정일 것이라는 생각에 젖어 사과 따는 일을 돕는다.

사과 따는 일은 그래서 시적이면서 사색적인 작업이다. 다른 사람은 몰라도 나는 그런 상념에 잠겨 일을 했다. 노모가 계시는 고향을 다니러 와서 사과밭 곁을 그냥 지나치지 못하고 넥타이를 맨 채 일을 거든 것도 그 때문이다.

우리 내외가 서툰 손놀림으로 일하는 모양이 못내 마음에 걸렸는지 모두들 그만하라고 말렸다. 하지만 난 그럴 수가 없었다. 온 가족이 다 동원되어 가을걷이하는 자리에서는 지나가는 길손이라 해도 못 본 체 지나칠 수는 없는 형편이 농촌 가을 손이다. 무르익은 사과 향기를 맡으며 사과 따는 일은 무척 낭만적인 작업이었지만 잠자리에 들어서는 끙끙 앓는 소리를 내곤 했다. 오랜만에 농심에 듬뿍 취해 본 늦가을 하루였다.

사과를 깎으며

칼바람이 쌩하고 불던 날이다. 생각지도 않던 사과 한 상자를 선물 받았다. 고향에서 사과 농사를 짓고 있는 나의 삼종제가 추수를 끝내기 바쁘게 택배로 보내온 것이다. 검은 매직으로 비뚤비뚤 상자에 눌러쓴 주소에서 순박한 동생 마음을 읽을 수 있었다. 지난여름 태풍으로 엄청난 피해를 입었다는 소식을 듣고도 달려가서 도와주기는커녕 따뜻한 위로 한마디 전하지 못해 무척이나 가슴 아프던 터였다.

거기에다 사과 선물까지 받고 보니 미안한 생각을 지울 수가 없다. 그의 피땀으로 키운 것이라 사과 상자 열기가 더욱 망설여졌다. 내가 사과를 좋아하는 것을 그는 진작부터 알고 있었던 것 같다. 그러니까 상자 속에는 둥글둥글한 사과와 함께 둥글둥글한 동생 마음도 함께 담겨 있었다. 담홍색으로 먹음직하게 익은 열매가 나를 쳐다보고 미소 지으며 얼른 맛을 보라고 하는 것만 같아서 상자 열기가 더욱 망설여졌다.

그걸 들여다보고 또 들여다보다가 몇 개를 꺼내어 깨끗이 씻었다. 싱그럽고 신선한 고향 냄새가 배어 나왔다. 그 사과는 전국적으로 이름난 동네 어느 지역에서 생산된 것보다 붉고 당도가 높은데다 굵기까지 상등품이었다. 게다가 내 고향 양지 밭에서 따낸 과일 특유의 향기가 물씬하니 풍겨 나와 후각을 자극했다. 이걸 받긴 받았으니 어떻게 답례를 할까 곰곰 생각하면서 크게 한입 베어 물었다.

나는 매일 아침 사과를 깎는다. 식전에 사과를 맛보지 않으면 식욕이 당기질 않을 만큼 사과 마니아가 되었다. 시장에서 사 온 것을 먹을 때도 그렇지만 농사를 지은 사람 마음을 들여다본 다음 맛을 본다. 따스한 차 한 잔을 마실 때도 그랬다. 찻잔 속에 녹은 차 끓인 사람 정성을 생각하며 마신다.

사과에 풍부한 섬유질은 대장을 비롯한 소화기 기능을 활발하게 해 주어 변비예방에 효과가 있다고 한다. 그래서인지 아침마다 배설이 한없이 시원하다. 일찍 일어나 아침 운동과 목욕을 마치고 집으로 와서 냉장고에서 빨간 사과를 꺼내 껍질을 벗길 때 흐뭇하다. 그 버릇은 정해진 내 일과다.

아침에 사과 한 알 먹으면 의사가 필요 없다는 서양 속담을 들은 적이 있다. 굳이 그 말을 믿고 먹는 것은 아니지만 건강에 좋다는 말을 더 믿는다. 그걸 맹목적으로 믿지는 않지만 오래전부터 먹어 본 결과로는 추천할 만했다. 사과 농사를 지은 순수한 사람들 성정을 닮아 그저 좋아서 먹고 있다.

사과를 먹을 때는 욕심쟁이가 된다. 두 개를 깎아도 혼자 다 먹었으면 하고 욕심을 부릴 때도 있다. 우리 집은 사과를 나누어 달라는 식구도 없고 아이들도 다 딴살림을 차려 나갔기 때문에 우리 내외뿐이다. 사과를 깎을 때는 껍질 밑 꿀이 고인 부분을 다치지 않도록 조심한다. 비타민과 당분을 보호하려고 얇게 깎다 보니 이젠 제법 선수가 되어 손놀림이 자연스럽다.

낚시질하면서 물고기가 낚아챌 때 묵직하니 댕겨오는 낚싯대 손맛이 일품이라고 하듯이 나는 사과를 먹는 일보다는 그 그윽한 향기를 맡아가며 껍질 깎는 재미로 더욱 좋아하게 된 것이다. 굵은 놈이 맛도 좋지만 적당한 것일수록 색깔이 곱다.

손아귀에 들어오는 고운 놈을 잡으면 엄지와 검지 사이에서 느껴지는 묵직한 중량감으로 사과 깎기가 한결 즐겁다. 곱게 벗겨진 껍질은 손 아래로 길게 매달려 출렁출렁 하다가 광주리 속에 담긴다. 그때 방안에 번지는 향기는 사랑하는 사람 체취처럼 은은하고 매혹적이다.

사과는 깎지 않고 껍질째 먹을 수도 있다. 껍질에 묻어 있을지도 모르는 농약이 걱정되기는 하지만 그것은 하나의 기우일 뿐이다. 아내는 내가 사과를 깎을 때마다 옆에 앉아 의미 있는 미소를 보낸다. 그건 자기 몫을 좀 남겨 두라는 은근한 신호다.

나는 적당한 놈을 골라 한 개 반을 먹는다. 아내 몫은 언제나 반개 정도다. 마음의 표시로 반 조각보다 조금 더 나누어 주곤 한다. 내 마음대로 그 양을 정하기 때문에 사과를 깎을 때 독재자가 된다. 이러다가 밥도 못 얻어먹는 것은 아닌지 모르겠다.

나는 아침마다 사과를 깎는다. 맛과 향기뿐만 아니라 깎을 때 사각사각하는 소리도 일품이어서 사람 마음을 홀려 놓는다. 이 세상 모든 곳에 사과 풍년이 들었으면 좋겠다는 생각을 하곤 한다. 이렇듯 즐겨 먹는 내 고향 사과는 그 맛과 향이 뛰어나다는 소문이 전국적으로 알려졌다. 사과를 깎을 때마다 내 고향 향수도 함께 먹는다.

뒷산 도토리

올해는 태풍이 잦았다. 천지가 뒤집힐 듯이 불어대던 강풍이 여러 번 분탕을 쳤으니 괴롭지 않은 사람이 있겠는가. 하루살이 같은 인간이 물동이로 들붓듯 하는 장대비를 감당하기란 버겁다. 그때마다 TV 방송에서 숟갈로 밥을 떠서 입에 넣어 주듯이 이래라, 저래라, 피해가는 방법을 가르쳐 준다. 이럴 때 하느님이 당신 영역을 침범했다고 화를 내시지나 않을지 걱정된다.

이번은 용케도 태풍이 물러가고 금방 온 세상이 잠잠해졌다. 긴장된 마음으로 창밖을 보니 가로수가 줄줄이 쓰러졌고 사방이 어수선하다. 천둥과 번개, 강풍과 장대비가 지나가고 언제 그랬느냐는 듯 파란 하늘에 그림을 그리는 뭉게구름을 보며 가을이 깊어간다는 걸 느낀다.

집을 나서서 뒷산으로 올라가 봤다. 강풍이 세차게 불어도 높은 가지에 매달린 까치집이나 제대로 영근 가을 열매는 끄떡없다. 그저 대견하고 억척스러울 뿐이다. 살아간다는 것은 보살피거나 먹이를 주고 추위나 더위를 조절해 주지 않아도 제 나름대로 초록 향기를 토하며 제 앞가림을 하고 있다.

산자락 나무들은 지난여름에 까치, 나비, 벌 떼들이 찾아와 준 덕분으로 오늘의 풍성한 열매를 매달았지 싶다. 그들의 열정적인 날갯짓을 보고 알찬 수확을 예감했다. 그중에서도 잘 익은 도토리가 제 무게를 이기지 못해 내 발걸음 곁으로 툭! 하는 소리를 낸다. 자연의 정연한 윤회輪廻 질서를 따라 흙에서 왔다가 흙으로 돌아가는 대자연의 화두를 실천하는 것 같다.

문득 고향 뒷산 정경이 떠오른다. 금수강산 어디든 열매 맺는 나무야 지천이겠지만 야트막한 봉우리를 뒤로하고 옹기종기 모여 사는 동네 사람들도 열매를 매다는 특성을 그대로 닮았다. 산등성이에서 인간사회를 넘겨다보는 도토리나무야말로 나지막한 집을 짓고 사는 주민들 이상으로 억척스럽다. 도토리나무는 인간들 삶을 엿보며 서로 공생하는지도 모른다.

도토리나무는 세찬 소낙비나 온갖 재난에도 견디며 가을이 되어야 비로소 열매를 떨어뜨린다. 잘 익은 그것이 흙속에 묻혀 건강한 싹을 틔워 후손 번창을 바라는 그 본능이야말로 우리 인간보다 더 억척스럽지 않은가. 요즘 젊은이들은 결혼해서 아이 낳는 것 자체를 미친 짓이라고 생각하는 풍조가 있다고 한다. 한 해도 거르지 않고 열매를 달고 튼실한 싹을 틔우는 나무보다 나을 것이 없다는 생각도 든다.

숲속에 떨어진 도토리는 늘 허기에 지친 인간들 욕망에 곧장 제물이 되곤 한다. 그것을 주워 모아 가을볕이 잘 드는 툇마루나 멍석에서 거뭇거뭇 마를 때쯤 백만장자가 된 양 흐뭇해하는 이도 있다. 그걸 호박에 넣고 묵직한 참나무 공이로 내리찧으면 묵사발이 되도록 터지면서 하얀 속살을 드러낸다. 옹기나 함지박에 담아 맑은 물로 오랫동안 우려내면 떫은맛이 가시고 쓴맛도 없어진다나. 그러고도 모자라 아궁이에 센 불을 지펴 끓는 물에 적당한 비율로 가루를 섞는다. 주걱으로 쉼 없이 저어 주면 마침내 먹음직한 도토리묵이 만들어져 견줄 데가 없는 별식이 된다.

논어에 유붕有朋이 자원방래自遠方來하니 불역락호不亦樂乎

라 했다. 공자님도 멀리서 찾아온 벗에게 대접하기를 즐거워했듯이 우리 옛 선비들도 정성껏 마련한 주안상을 차려내며 마냥 즐겁지 않았겠는가. 그때 동무를 맞이하는 상에 도토리묵이 빠지지 않았을 거란 상상도 해 본다. 이럴 때 나도 옛사람 인정을 닮고 싶어진다.

깊어가는 가을날에 도토리묵이야말로 풍류객들이 즐긴 계절의 별식이었으리라. 그렇게 성스럽지도 않지만 속되지도 않은 가장 서민적인 음식이 아니었을까. 도토리묵을 유달리 즐기는 나야말로 못 말리는 촌사람 체질인가 보다. 올해만 해도 태풍이 여러 차례 다녀갔는데도 내 고향 뒷산에 도토리가 지천으로 매달렸다는 소식이 왔다. 그야말로 축복이어서 하얀 사발에 담아낸 야들야들한 묵 생각에 꼴까닥 침을 삼킨다.

꽃을 든 남자

가끔씩 꽃가게에 들러 봅니다. 장미와 백합 온갖 꽃이 환하게 웃으며 나를 반깁니다. 그 많은 꽃 중에서도 화려한 색을 고르는 것은 내 마음도 그 꽃들처럼 화사해지고 싶어지기 때문입니다. 꽃을 사면 즐겁습니다. 그러나 꽃을 사랑해서 산다기보다는 선물용으로 사는 경우가 더 많았던 것이 사실이고 그걸 받는 사람 마음을 상상해 보는 것은 더 즐거운 일이었습니다.

선물을 주고받는다는 것은 사람이 하는 일 중 가장 아름다운 행위가 아니겠습니까. 세상에 흔한 물건이라도 예쁘게 포장해서 선물로 받았다면 기쁩니다. 게다가 꽃을 선물로 보내면 받는 분은 꽃처럼 화사한 기분이 될 것 같습니다. 어떤 선물보다 꽃 선물이라면 눈, 코, 입 그리고 얼굴 전체가 움직이면서 최고의 미소를 짓는 그 아름다운 모습을 상상하는 재미에 빠집니다.

어느 신경학자는 꽃을 받을 때 짓는 미소는 형식적인 미소가 아니라고 말합니다. 눈과 입술 부분 근육이 동시에 움직이는 진짜 행복한 미소를 짓는다고 말입니다. 그런 경험을 가끔 했기에 저는 그 말을 믿습니다. 꽃 선물에 관한 이야기는 동서양이 다르지 않아서 사람의 정을 도탑게 하는 훌륭한 선물이라고 저는 일찍부터 생각해 왔습니다.

그동안 정을 주셨던 분들에게 꽃을 보내지요. 과연 꽃이란 것이 베풀어 준 친절과 은혜에 대한 보답이 될지 어떨지는 의문이 들 때도 있습니다. 삭막한 현대인들 정서에 그 빛깔과 향기를 통해 받는 이의 마음도 밝아질 것 같습니다. 꽃바구니 속에 꽃을 보낸 저의 간절한 마음이 가득 담겼습니다. 앞으로 제가 수필다운 수필을 쓰게 되면 수필집 한 권을 꽃바구니 속에 함께 담아 보내고 환하게 미소 지으렵니다.

그래서 꽃을 사는 과정에서 정성을 다하며 받았다는 연락이 올 때까지 겸손한 자세가 됩니다. 화려한 꽃이든 은은한 꽃이든 마음의 정표일 뿐 욕심을 채우는 뇌물이라는 생각은 한 번도 들지 않았습니다. 받는 이의 마음을 무겁게 하질 않고 투명하고 신뢰할 수 있는 내 순수한 마음을 그 속에 넣으면서 무언가를 되돌려 받을 생각은 해 본 적이 없습니다.

그랬지요. 꽃을 받은 분이 즐거워했습니다. 답례로 전화를 걸어왔을 땐 저의 마음은 한없이 황홀했습니다. 그분의 따듯한 마음이 느껴지면서 다음에 또 보내드려야지 하는 생각이 들었답니다. 그분께 내 마음을 몽땅 빼앗기고 말았습니다. 어느 순간 한 송이 아름다운 꽃으로 변해서 저 깊은 가슴속에 새겨졌습니다.

옛사람들도 꽃을 주제로 사랑을 노래했습니다. 그림이나 시에도 주제가 꽃이었지요. 예나 지금이나 꽃이란 사람 마음을 사로잡는 데 큰 몫을 했습니다. 저도 꽃을 주제로 시도 쓰며 꽃을 앞에 두고 사랑하고 싶어 가슴에 한아름의 꽃다발을 안은 꽃을 든 남자가 되고 싶습니다.

저희들 신혼 시절에 사소한 의견 다툼으로 며칠씩 버티며 냉전을 벌인 적도 있습니다. 그런 속 좁은 짓을 왜 했던가 싶어 무척 부끄럽습니다. 그즈음 어떤 행사에 참석하고 집으로 돌아가는 길이었습니다. 그 단체 사무국 여직원이 난데없이 행사에 쓰고 남은 꽃다발 하나를 제게 주었습니다. 본의 아니게 꽃을 든 남자가 되어 터벅터벅 집으로 돌아왔지요.

초인종을 눌렀습니다. 출근시간에는 저기압이었던 아내 얼굴이 꽃다발을 보자마자 금방 꽃처럼 밝아지는 것이었습니다. 꽃이 지닌 특별한 의미로 인해 그날 저녁상은 어느 때보다 푸짐했습니다. 그러면서 밥상머리에서 다소곳이 앉아 생긋 미소를 머금는 것을 보면 그 위력은 대단했습니다. 그날 밤 저희 부부 잠자리 정경을 한번 상상해 보십시오. 한 송이 꽃이 지닌 물리화학적 힘으로 그 어떤 용광로보다 더 뜨거운 무드를 연출할 수 있었습니다. 그것은 오로지 꽃이 품은 신비한 마력 덕분이었는지 모르겠습니다.

가끔 꽃집 앞을 서성입니다. 화사하게 진열된 꽃송이 속에서 정이 들었거나 은공을 베풀어 주었던 분들 얼굴이 환하게 떠오릅니다. 화려한 색감이나 고혹적인 자태, 짙은 향기가 바로 그분들 따스한 마음이고 다정한 미소로 보였습니다. 식어가던 정도 다시 살아날 것 같았습니다.

꽃을 선물로 보냅니다. 보내면서 보다 겸허하게 자신을 돌아보며 한아름 꽃을 가슴에 안고 미소 짓는 모습으로 밝게 살려고 합니다. 그러면 절로 내 마음도 아름다워지고 진실해질 것만 같습니다. 저는 늘 꽃을 든 남자로 살아가겠습니다.

내 방 안의 모든 것

원고 청탁을 받았다. 주제는 '내 방 안의 모든 것'이라고 잡지사가 아예 정해 주면서 나를 옭아매어 버렸다. 이때는 서둘지 않을 수 없다. 무엇보다 주제가 좀 색다르다는 생각이 들었지만 내 몫의 지면을 빈칸으로 두어서야 되겠는가 하는 도전정신이 번쩍 들어 방 안을 이리저리 살펴보았다.

서재 한쪽 벽면에 테이프로 붙여 둔 A4 한 장이 눈에 들어왔다. 그 종이는 아무 글자도 쓰지 않은 백지 상태로 붙어 있다. 그런 종이 한 장을 턱하니 붙여 두었으니 어찌된 사람은 아닌지 모르겠다. 그게 아니라도 우리 집 거실이나 다른 방에는 웃지 못할 장면이 연출된다.

거실 바닥은 그야말로 진풍경이다. 이런저런 과일 껍질

하며 채소를 다듬고 남은 나물쓰레기들이 광주리에 담겨 청량한 햇살을 받으며 낮잠을 즐긴다. 아파트 단지에서는 음식쓰레기 양을 줄여 보려고 주부들이 안간힘을 쓰다 보니 집 안에서 그걸 말리는 중이라나.

어느 날이었다. 책상 앞에서 컴퓨터 전원을 끄고 돌아서는데 벽에 붙은 백지 한 장이 잘 다녀오라며 씩 웃었다. 생명력이 없는 종이가 무언가 말을 걸어오는 것 같기도 하고 방 안 정적을 한 움큼 모아 벽을 타고 내 뒤를 따라나서는 것 같았다. 백지 한 장이 붙은 뒤쪽 또 다른 종이에는 굵직굵직하게 내 성격대로 적은 메모가 붙어 있었다.

그것은 최근 내가 앓았던 병을 기록한 건강 기록표다. 자세히 들여다보면 어쩌고저쩌고 변명할 여지없이 몸 상태를 소상히 대변해 준다. 치과 검진에다 폐렴 예방주사 맞은 것, 시력검사 다녀온 날이며 황사로 인해 가벼운 기침을 했다는 소소한 것을 적은 병력일지病歷日誌였다. 그렇게 한 장의 백지가 메모로 가득 차자 그 위에 또 한 장을 붙인 것이다. 앞으로 어떤 병을 앓게 되면 날짜별로 빈 공간이 채워질 참이었다. 근 한 해 동안이나 백지 그대로 매달려 있으니 내가 그럭저럭 건강했다는 증거다.

얼마 전 강원도 쪽으로 여행한 적이 있다. 가는 날이 장

날이라고 동네 주민들이 제설작업에 안간힘을 쓰고 있었는데 그분들 시선을 피해 눈길을 걸으면서 아이처럼 한없이 환호했다. 시야에 펼쳐진 흰색은 그야말로 아무런 채색이 없었다. 세상의 고요와 마음속 안정을 만끽할 수가 있었다. 그 순수한 청정함이라니! 사람 마음도 바야흐로 그와 같아야 하지 않을까 싶었다.

서재에 붙여둔 백지 역시 그냥 백지 한 장으로 보이지 않고 깊은 산골에 폭설이 내린 것 같다는 생각이 들어 바라보는 시간이 길어졌던 것이다. 그래서 나름대로 건강해지고 싶은 마음 때문에 벽에 붙은 백지가 더 의미심장하게 다가온다.

하지만 이런 내 마음을 세상이 몰라준다. 한솥밥 먹는 아내마저 왜 벽에다 구질구질하게 종이를 붙여놨느냐며 지청구다. 아닌 말로 거실에는 과일 껍질 말리는 광주리를 무시로 두면서 무엇 때문에 내 영역을 간섭하는지. 내가 보기엔 쓰레기를 담은 광주리 같은 것들을 다른 데로 치운다면 내 방에 달린 종이도 떼어 내겠다며 짐짓 간 큰 남자 행세를 해 봤다. 이렇듯 우리 부부는 사소한 사건으로 가끔 대립상태가 되어 깨소금 공장을 멈추곤 한다.

조선시대 보백당寶白堂 김계행金係行 선생이 낙향해서 고

향 묵계黙溪에 머물 때 일이라고 한다. '내 집엔 보물이 없고, 있다면 오직 청백淸白뿐이다.'라고 한 명언이 요즘 들어 자주 생각난다. 나는 그분처럼 사대부 벼슬을 한 적도 없지만 내 방에 보물이 있다면 빈 공간에 달려 있는 백지 한 장이라면 말이 될는지. 그 백지는 일 년 내내 병원을 드나든 적이 없다는 것을 보여 주는 내용증명인 셈이다.

그저 건강상태를 알아보려고 벽면에 붙여 두었던 백지 한 장! 진리는 생각 밖에 있는 것이 아니라 생각 나름이구나 싶다. 내 마음도 세상을 다하는 날까지 순백무구純白無垢할 수 있다면 좋으련만. 백지는 대롱대롱 매달려 어설프고 불안해 보이지만 나에겐 건강 말고는 다른 보물이 없다는 것을 보여 준다. 이것이야말로 내 방 안 모든 것이 아니겠는가.

대숲에 달이 뜨니

집 뒤가 온통 대숲이다. 내 키보다 조금 높고 손가락만 한 굵기랄까. 그저 그런 종류의 대숲이어서 누가 보면 볼품은 없다고 하겠지만 대밭은 대밭이라 대밭답다. 대가 사철 푸르러 집 주위를 감싸고 있다면 세상을 다 품고 사는 게 아닌지. 가끔 그런 착각도 하면서 나고 자란 이곳에 자부심을 가진다.

대숲이 있으니 서민 쉼터 치곤 한층 더 운치 있고 그윽한 맛이 난다. 봄이면 언덕바지가 울긋불긋 꽃 대궐을 이루고 여름이면 녹음이 에워싸 한 폭 그림 같다. 그도 모자라 내 마음을 풍성하게 해 주니 신선이 따로 있겠는가. 해가 지는 줄도 모르고 시를 논하고 달이 뜰 때까지 수필을 이야기한다면 여기가 바로 신선놀음 장소가 아닌가.

예로부터 세한고절歲寒孤節 또는 설중고죽雪中孤竹이라며 높이 쳐주던 나무가 대나무다. 아무리 바람 불고 눈이 와도 꿋꿋하게 견뎌내는 기개를 우리 선조들은 사랑했다. 하기야 매란국죽梅蘭菊竹의 사군자가 모두 그런 고고한 품성을 지녔다고 하겠지만 맨 마지막 글자 대나무 죽竹 자에 새로운 삶을 추구하는 에너지가 함축된 것 같다.

이래서 내 조상들은 절개의 상징이라며 대나무밭에서는 마음과 몸가짐을 조신했는가 보다. 대나무는 보기에 마디가 있고 속이 비었지만 무척 단단해서 쉽게 부러지지 않는다. 그 속엔 굳센 의지가 있고 한곳에 터 잡으면 함부로 옮겨 다니지 않는 고집과 올곧음의 대명사다. 하여 의기 있는 사람을 대쪽 같다고 했다.

애국지사 단재 신채호 선생은 세수할 때 대야를 향해 고개를 숙이지 않고 꼿꼿이 앉아서 얼굴을 씻었기 때문에 물이 흘러 옷이 흥건히 젖기 일쑤였다. 사람들이 '선생님! 고개를 숙이시지요.' 하면 단재 선생은 '일본 놈들 때문에 고개를 못 숙여….'라고 말했다고 하는데 그분 기개를 대나무에 비유하곤 했다.

대나무도 그렇지만 심지가 굳은 사람은 한 번 먹은 마음,

한 번 한 약속을 잘 바꾸지 않는다. 끝끝내 의리를 지키는 충신 절개에 비유한 것도 그렇다. 철새 정치인들이야말로 오늘은 이 단체, 내일은 저쪽 정당 하는 식으로 변덕이 죽 끓듯 한다. 어제는 그 사람 내일은 저 사람으로 사랑을 바꿔치기하지 않는 것도 대나무 올곧음에 비유했다.

대는 겨울 이미지와 어울린다. 여름이라고 운치가 사라지는 건 아니다. 한줄기 소낙비가 지나간 뒤 대숲에서 일렁이는 바람 소리는 소쇄하고 서늘한 맛이 있다. 깊은 산사에서 듣는 구부러진 소나무에서 나는 송뢰松籟 소리는 속세에 찌든 마음을 씻어 내는 듯 청량감이 있다. 그걸 대나무와 함께 송죽이라 하면서 우리 선조들은 손꼽았다.

내 어릴 적에도 그랬다. 여름날 대청마루에서 북쪽 창을 열어 놓으면 뒤뜰 대숲에서 불어오는 시원한 바람과 댓잎끼리 비벼대는 소리가 속삭이는 듯 들렸다. 그 정겨운 소리를 귓전으로 들으며 책 보따리를 밀쳐두고 스르르 잠 속으로 빠져들던 생각이 난다. 그럴 때 어디선가 들리는 매미 소리를 잠결에 듣곤 했다.

사각거리는 댓잎 소리에 귀를 씻고 앞산 푸른 산색山色에 눈 씻는다고 했다. 그러다가도 마음이 동하면 뜻이 통하는 친구와 짙은 대나무 밭으로 여행을 떠나기도 했다. 산자수

명하고 인심 좋은 남도지방 달 뜨는 대밭으로 가서 허기진 마음을 비우며 옛 시인이 읊은 노래를 턱도 없이 읊조려 보기도 했다.

대숲에 달 뜨는 날, 임이 계시는 북쪽 문으로 바람이 잘 통하는데 밤하늘을 바라보니 여름 달이 시원하다. 비스듬히 서 있는 대나무 줄기나 잎이 달빛에 어려 더욱 푸르다. 그 멋진 분위기나 풍월에 어울리는 집이 경상북도 안동에 있는 내 고향집일진대 대밭을 향해 떠나긴 어디로 떠난단 말인가. 보름 달 뜨는 날 뒤뜰 풍경이 하도 정겨워 대나무를 사철 좋아하게 된 까닭이다.

화가의 꿈

쏜살같이 지나가는 계절을 그저 흘려보내기가 아쉽다. 곱게 단풍 든 벚나무, 옻나무, 생강나무가 울긋불긋 무리지어 언덕배기에 서 있는 모습은 색동저고리 입고 동요를 부르는 소녀들과도 닮았다. 새봄에 연초록 잎이 피어날 때는 나도 모르게 콧노래를 흥얼거렸지만, 가을은 어쩐지 첼로의 저음 같은 떨림이 귓전을 스친다. 어딘지 모르게 쓸쓸함이 밀려올 뿐이다.

나는 초등학교 다닐 때 미술시간을 좋아했다. 교과서를 펴놓고 지겨운 공부를 하지 않아도 되고, 엄격한 선생님이 지켜보지 않아서 편했다. 하얀 도화지를 펼치고 내 왼쪽 손을 그린다든지 화판을 들고 강둑에 나가 먼 산을 그릴 땐 부러지고 빛바랜 크레용일지라도 내가 선택해서 칠한다는 선택권으로 흐뭇했다. 거기다가 나만의 시간을 갖는다는 생각에 미술 시간이 마냥 기다려졌다.

저 건너 보이는 앞산 정경을 실물 그대로 그릴 수는 없을까. 그때부터 원근법 의미에다 채색의 기법을 조금씩 터득하면서 화가가 되는 꿈을 꾸었다. 선생님 간섭을 받지 않고 내 실력과 스타일대로 그림을 그리던 시간이 자발적인 창의력으로 연결되곤 했다. 미술 시간에 터득한 관찰력과 집중력이 다른 과목으로까지 옮겨 가서 수업시간이 즐거웠던 기억이 생생하다.

얼마 전에는 단원 김홍도의 풍속화에 대한 강의를 들을 기회가 있었다. 그는 천재적인 화가였을 뿐 아니라 무엇보다도 동양화 삼요소라는 시서화詩書畵에 능통한 이른바 삼절三絶이었다고 해서 마음을 사로잡았다. 그날 소개한 그림은 비록 복사본이었지만 보면 볼수록 생생한 현장감과 화가의 철학이 살아 있다는 느낌이 가슴을 타고 내리는 감동을 받았다.

시골학교에서 미술에 대한 특별한 지도를 받지 못했고 소질을 발굴하여 육성할 기회도 얻지 못했다. 따라서 그림 그리는 재주와 호기심은 거기에서 멈추고 말았다. 하지만 옛 화가들이 남긴 작품을 보는 감식안鑑識眼이라든지 예술 작품에 대한 흥미와 호기심이 남다른 데가 있었다는 사실에 스스로 놀란다.

단원이 남긴 그림 속에 '종이로 문을 바르고 흙으로 벽을 바른 방에 앉아 베옷 입고 글을 쓰고 명산을 찾아 그림을 그리는 것이 가장 행복하다.'라는 대목은 너무나 신선한 현실감으로 다가온다. 강의를 들어 보니 화가라기보다 만능 재주꾼이라는 생각이 들었다. 그림과 함께 아름다운 시를 곁들인 서예의 높은 품격이야말로 과연 조선시대 대표 화가답다. 화가, 시인, 서예가, 나아가서는 관료생활까지 원만하게 수행했다는 기록이 남았으니 화가의 의연한 속뜻을 짐작할 것 같다.

요즘은 국민소득 4만 불을 넘보는 시대다. 돈 무더기가 높으면 잘살 줄 알았는데 어쩐 일인지 모두가 사는 게 삭막하고 불행하다고 말한다. 그럴수록 가슴을 활짝 열고 먼 산이라도 바라보며 여유를 가져야 할 터이지만 딱히 탈출구가 보이지 않는 것이 현실이다.

아름다움을 눈으로 보고 정겨운 멜로디를 귀로 듣고 싶은 요즘. 넓은 세상으로 시선을 돌려 조금이라도 관심을 갖는다면 힘든 삶을 사는 우리 인생의 혹독한 현실에서 조금은 벗어날 수 있지 않을까. 단원의 소박한 삶의 멋과 풍치를 우리도 배워야 하지 않을까. 옛사람들은 비록 요즘보다 물질적으로는 풍요롭지 못했지만 정신적으로는 훨씬 넉넉하고 아름다운 삶을 살았던 것 같다.

화가가 되어 보겠다고 마음먹었던 그때가 어제 같다. 지금은 몸도 마음도 늦가을 낙엽처럼 빛이 바랬다. 옛사람들의 그림에서 이루지 못한 꿈을 위안 받는 것만으로도 다행으로 생각한다.

나도 있소

어떤 관공서 앞을 지나게 되었다. 마침 그 건물 정면에 커다란 저울 하나를 걸어 두었는데 그 위로 환한 햇살이 비치고 있었다. 한눈에도 특별한 의미가 있다는 생각이 들어서 눈여겨보았다. 저울이라면 누구도 손해 보지 않게 정량을 주고받는 도구이다. 공평과 평등, 나아가 정의를 상징한다는 걸 금방 이해했다.

내가 육군병장으로 막 제대했을 때다. 어떤 기업체에 취직하려고 입사시험을 치른 후에 합격통지서를 기다리고 있었다. 그러는 동안 자동차 부품을 팔던 조그만 상점에서 아르바이트를 했다. 거기는 직원이라 해봐야 모두 세 사람뿐이었다. 사장님 처제가 경리를 봤고 처남이 조그만 화물

차를 운전하던 기사였는데 그들은 모두 가족이었다. 잠시 근무하던 나만 친척이 아니었다.

그러던 어느 날 오후였다. 공교롭게도 주인공 세 사람이 모두 외근을 나가고 어쩔 수 없이 초보자인 나 혼자 상점을 지키고 있을 때다. 마침 상점주인 아주머니가 저녁 반찬 장보러 가는 길에 우연히 들렀다는 것이다. 그 자리에 자기 식구는 한 사람도 보이지 않고 웬 떠꺼머리총각 하나가 우두커니 앉아 있으니. 기어이 마디를 던졌다.

"가게는 다 비워 놓고 왜 아무도 없노? 귀신 나오겠다." "마카 다 어디 갔노?" 공교롭게도 그분 남편과 친정 동생들이 모두 업무차 외출 중이었으니 맞기는 맞는 말이었다. 그렇잖아도 가난에 시달린 내 이력으로서는 가슴에 화살이 꽂히는 충격이었다. 마치 투명인간 취급을 당한 기분이었다. 쥐구멍이라도 찾고 싶어 머리를 긁적거리며 무슨 대답을 해야 할지 머뭇거릴 수밖에 없었다.

그럴 때 늦가을 오후 햇살이 따스하게 들이쳤다. 활짝 열어 둔 부속상점 셔터 아래를 비집고 들어와 허탈해하는 내 어깨를 다독여 주었다. 체면이고 뭐고 다 버리고 "나도 여기 있소"라고 이왕 터진 입으로 금방이라도 토하고 싶은 심정이었지만 어렵사리 구한 점원 자리였다. 존재를 무시

당한 수모를 꾹 참고 악착같이 버텨야 한다고 마음먹었던 것이 어제 일처럼 떠오른다.

어떤 소설가는 피부에 상처가 나면 마음에도 곧장 상처를 입을 수 있다고 했다. 조금 더 가진 자가 무심코 던진 한 마디가 새싹처럼 순진한 약자에게는 충격이 되어 홀로 울며 자신의 몸을 쥐어뜯고 만다는 것이다.

언젠가 동네 목욕탕에서다. 새벽 여섯 시경인데 어떤 목욕 손님이 "오늘은 탕 안에 사람이 아무도 없네. 다 어디 갔노?"라며 목욕하는 사람이 아무도 없다고 옷장에서 옷을 꺼내 입으면서 중얼거렸다. 나는 조금 전까지 그와 함께 목욕을 했고 또 다른 몇 사람도 탕 속에서 목을 내밀고 함께 있었다. 아무도 없다는 것은 말이 되지 않는 말이었다. 늘 함께 다니는 계원들이 그날따라 목욕탕에 오지 않아 일행들의 빈자리가 크게 보였던 모양이었다.

이럴 때 가만있어서는 안 되겠다 싶어 한마디 대꾸할 수밖에 없었다. 자칫 의협심 같은 것을 발휘하다가 죽사발되는 꼴도 많이 보았던 터라 조심스럽게 접근하면서 코피 터질 각오를 했다. "나는 사람이 아니고 뭣입니까?" 죽기살기로 내뱉으며 속을 다 비웠다.

이 세상 구조는 매우 복잡하다. 나만 생각하고 상대를 배려하지 않는다는 것은 공정하지 못한 독선이다. 영어로 저울을 밸런스balance라고 하며 공평과 정의에 비유한다. 공공건물 정면에 조형물을 설치한 이유도 그 때문이 아닐까. 늘 손해 보고 살면서 제대로 큰소리 내지 못하는 쪽이 오히려 승리자라고 하는 이도 있어서 그 말을 위안으로 삼을 뿐이다. 저울대가 기울어질 때 내 몫이 조금 적게 돌아와도 조용히 수용하는 이들이 더 편한 삶을 산다고 했다. 그게 서민의 자존심 승리가 아니겠는가. 재차 외친다. "나도 여기 있소."

해인삼매海印三昧

산길은 생명의 보고다. 단풍으로 색칠한 가을 산 실루엣이 한 폭 그림 같다. 해운대 뒷산 장산萇山 흙길을 쉬엄쉬엄 올랐는데도 이마에는 어느새 송골송골 땀이 맺힌다. 언덕배기에 무리 지은 잡목들 사이를 지나다 보니 가지마다 홀가분한 몸으로 겨울을 맞으려는 듯 고엽枯葉들 낙하가 분주하다.

옛글에 나라가 어지러울 때 훌륭한 재상이 필요하지만 가난한 집에서는 살림 잘하는 주부가 필요하다고 했다. 겨울나기를 준비하는 가을 산을 보니 문득 그런 옛말이 떠오른다. 아무도 관심을 두지 않았던 늦가을 숲속에는 온갖 나무들이 저희끼리 도토리 키 재기를 한다. 서로 자리다툼이나 세력다툼을 하지 않고 차분히 내일을 준비하는 모습이다.

내가 더 크네, 네 모양이 더 좋네 하며 싸우느라 편할 날이 없는 인간사회와 비교된다. 갈등 없이 사이좋게 살아가는 것을 보면 나무야말로 가난한 집안일 잘하는 주부를 닮았다는 생각을 해 본다. 입동이 지났는데도 숲으로 내려앉는 햇살에다 골짜기에서 불어오는 바람이 오히려 상쾌하다.

갈참나무, 졸참나무, 신갈나무, 상수리 등 참나뭇과에 속하는 높고 낮은 수종을 통틀어 잡목이라고 분류했지만 소위 군자라 칭하는 송죽에 비해 봐도 의젓하기는 별로 다를 것이 없다. 구태여 충신 반열로 치켜세워 주지 않아도 그들은 등급을 탐하지도 않으면서 제 삶에 충실할 뿐이다.

달빛과 별빛을 자양분 삼아 잎을 피운 산길의 주인공들. 때가 오면 알알이 열매를 매달며 내년을 기약하는 모습은 감동이다. 억척같은 생명력으로 자연의 섭리를 따르다가 한 잎 남김없이 다 내려놓는 모습이야말로 한가슴 가득 품고도 부족하다며 허세를 부리는 인간들에게 큰 깨우침을 주는 것 같다.

숲속 열매는 땅에 떨어져 이듬해 건강한 싹을 틔워야 제 일생을 마친다. 새싹을 틔우고도 껍질은 썩지 않고 원형을 한동안 유지하는 걸 보면 그들의 종족보존 본능이 얼마나 강인한지. 뿌리를 내리고 대를 이어 가려는 생물들의 일생이 그저 놀랍다. 인간사회에서 크나큰 고민거리인 인구 감소도 그들을 본받으면 해결책이 나올 듯싶다.

늘 오르던 산길을 오늘도 오르면서 웬만한 자연재해쯤은 무난히 극복한 저들의 생명력을 예찬한다. 내 앞가림도 못하는 주제에 괜한 걱정을 하며 지날 때 휘익 소리를 냈을 텐데 내가 알아듣지 못했을 뿐. 그건 절 근처에 온 것도 아닌데도 해인삼매海印三昧에 입문하라는 신호가 아니었을까.

자연의 이치를 찬탄하며 걸을 때 허리를 굽혀 도토리를 줍는 사람을 만났다. 짐승들은 무엇을 먹고 긴긴 겨울을 날 것인지. 손닿는 족족 주워 가 버리는 사람을 만나면 괜히 산속이 보금자리인 다람쥐나 날짐승들 입장이 딱해진다. 주워 가지 말라고 말리고 싶어도 자신감이 없다. 말은 못 꺼내고 인사만 하고 돌아서면서 별별 생각에 젖는다.

인간의 오감은 숲속에서 가장 예민해진다더니 오만 생각이 다 든다. 뜬금없이 산길을 오르내리면서 아무리 무심하려고 해도 골짜기에 사는 야생 가족들 안부를 모르는 척 그냥 지나칠 수가 없다. 책이나 글을 백번 읽으면 스스로 그 뜻을 알게 된다고 하듯이 뒷동산 오솔길도 자주 걷다 보니 불쑥 와닿아 가슴을 울리는 것이다.

그린피스니 뭐니 국제환경 보호단체 거창한 환경론이야 뒤로 제쳐두고라도 산속 식구들 겨울양식에 관심을 갖는 편이 더 현실적이지 싶다. 산길을 터벅터벅 내려오면서 뒤돌아보니 잡목 아래서 야생동물들이 배고프다고 아우성치는 소리가 환청으로 들리는 듯하다. 숲속을 비추던 햇살조차 허우대 멀건 나를 삐죽이 내려다보던 어느 날이다.

호모 헌드레드

옛글 한 줄 속으로 빠졌다. 냇물도 흐르고 구름도 흐른다는 내용으로 시작한다. 공자님도 부질없이 흘러가는 세월을 아쉬워하면서 세월은 밤낮없이 흘러간다고 한탄하는 글이다. 이 세상에 그 자리에 가만히 있는 것은 아무것도 없다는 뜻인데 현대를 살아가는 나는 뭔가. 지나가는 세월을 바라만 볼 것인가. 어떻게 대책을 세울 것인가에 대한 자책을 아니할 수가 없다.

어느덧 내 나이가 7자가 두 번 겹쳤다. 우리 정서로는 7자를 행운이라고 생각했지만 꽃밭으로 떠날 날이 점점 가까워진다는 신호여서 결코 행운이라고는 할 수 없다. 그만한 연륜을 지나오는 동안 여태 무엇을 했던가. 나는 대체 무엇인가? 그런 생각을 깊이 해 보면서 체력과 정신력을 키우고 쭈그러지는 외모까지 챙기지 않을 수가 없다.

더러 듣기 좋은 말로 백세시대에 백세를 산다면 축복 중에서도 축복이라고들 한다. 누구나 그 말에 위안을 얻겠지만 어떻게 하면 100세까지 팔팔하게 살면서 여생이 잘 익어 갈지에 대한 생각뿐일 것이다. 그렇다면 실천 가능한 목표 하나쯤은 세워야 한다. 그런 생각을 하는 자체가 의미 있는 삶이 될 것 같다.

우선 긍정의 날개를 펴고 밝은 표정으로 '예!' 하고 똑똑하게 대답하기로 작정했다. 창문을 활짝 열고 체면이나 위신 따위는 저 멀리 던져 버려야 한다. 아닌 게 아니라 저 산 너머 빠끔하게 희망이 보이고 문득 달콤한 아이스크림이 먹고 싶어져야 다짐의 계기가 된다고 할 수 있겠다.

모름지기 100세를 사는 것이 바람직한 삶인지, 재앙인지 모르겠다. 호모 헌드레드homo hundred라며 그 고비를 슬기롭게 대처한다면 오랜 삶도 축복이라고 하면서 나이 든 사람을 부추긴다. 어찌 어설픈 자세로 드러누워서 홍시 떨어지기를 마냥 기다리겠는가.

나는 될 수 있으면 김치나 고추장이 소재가 아닌 피자집이나 신세대들이 즐기는 음식집을 다니면서 점심 식사를 한다. 유료주차장에 주차할 땐 차선에 맞추어 주차하고, 마트에 가서도 키오스크로 결제하고 공공기관 민원실에서 대기표를 뽑아 느긋하게 기다린다. 별것 아닌 것을 따라하고 실천한다면 시들어가는 인생도 슬슬 피어나겠지. 뿐인가. 단체 카톡방에 댓글을 달지 말고 공지사항만 읽어보고 있지 않은가. 다 아는 건강 상식, 지겨운 정치 이야기에 흥분하지 않는가. 무엇보다 내가 노력하지 않고 천운을 기다리는 로또 복권이나 불확실한 가상화폐에 목을 매달지는 않겠다.

그렇잖아도 요즘에는 자꾸 우울한 소리만 들려온다. 노인들은 아예 운전할 생각을 접고 면허증을 반납하라고 으름장이다. 하지만 나는 그런 말에 동의할 수 없다. 내 손으로 운전하고 부산에서 200km 거리인 고향 땅 조상묘지에 잡초 뽑고 벌초하러 다니려면 이런저런 도구나 연장을 싣고 다녀야 한다. 그런데도 면허증을 포기하라면 어쩌란 말인가.

내 능력의 한계란 건전지 같은 신세라는 것도 알고 있다. 이른바 백세시대, 욜로yolo시대라는 단어를 새기고 있지만 나이 먹은 덕은 아니다. 나이 듦에 대한 스스로 깨침에다 세상사를 슬기롭게 극복하는 방법을 하나하나 익혀 나갈

참인데 그것도 안 될 때 가서 면허증을 반납하리라. 그런 각오가 없다면 나이를 헛먹은 것이나 다름없고말고!

나는 윤기 없는 흰머리를 미장원이 아니라 헤어숍에 가서 파마도 해 봤다. 어울리지도 않는 물색 바지를 입고 떠나간 첫사랑 애절함을 떠올려 보기도 했지만 잘만 어울렸다. 팔팔하게 사는 호모 헌드레드homo hundred 시대의 주인공 노릇을 하려고 안간힘을 써 봤고 얼마 전에는 북유럽 스톡홀름까지 장장 15시간 이상 비행기도 타 봤지만 까딱없어서 지금도 뻗댄다. 자동차 운전면허증 3년 연장하고 새로 발급 받아 최근 개통한 고속도로를 달려가리라. 나이 듦이란 여생을 가치 있게 살아야 한다는 다짐에다 실천하는 계기가 아니겠는가.

50원짜리 행운

아침 햇살이 곱다. 바람은 솜이불처럼 포근하고 하늘은 티 없이 맑다. 새들의 고운 울음소리와 뺨에 와닿는 공기가 싱그럽고 상쾌하다. 하지만 어쩐지 나는 불안하다. 저 고운 햇살과 맑은 공기가 얼마 동안이나 그 청정함을 유지할 수 있을까 하는 의구심 때문이다.

쾌적한 환경이란 사람이 살아가는 데 필수 조건이다. 그런데도 산을 잘라내고 강을 돌려막으며 자연을 더럽히거나 파괴하고 있다. 그러다 보니 청정하던 우리 주변은 하나둘 신음 소리를 내면서 멍들어 가고 있다. 이제 인간은 무엇으로 숨 쉬고 무엇을 먹고 마실 것인가 하는 절체절명 명제에 봉착하고 있다.

하기야 새들이 지저귀고 맑은 물이 흐르는 아름다운 자연환경은 우리 인간들만의 전유물이 아니다. 그것을 임시로 점유하고 있을 뿐이다. 따져 보면 이 지구 위에서 살도록 운명 지어진 모든 생명체 공동 자산임을 알아야 하는데 인간들만의 소유인 양 마구 파헤친다. 그러다 보니 이젠 인간도 못 살고 다른 뭇 생명체들마저도 생존 터전을 잃어 가고 있다. 고등동물이라며 이마에 높을 '高' 자를 달고 다니는 우리 인간들이 얼마나 무책임한 존재인가.

하루는 새로 생긴 어느 대형 할인점에 아내를 따라가 본 적이 있다. 상품이 산더미같이 쌓여 있었다. 그렇잖아도 어리둥절한데 그 많은 물건 중에서 일용 잡화를 챙겨 담아 계산대 앞에 다다랐다. 물건 값을 지불하려고 장바구니에 담은 것들을 하나하나 담고 있을 때다. 그런데 이게 웬 떡인가. 아내가 집에서 가지고 온 쇼핑백 한 개에 일금 오십 원씩을 보상해 준다는 것이다. 비록 소액이긴 해도 공짜로 돈을 준다니 눈이 번쩍 뜨이는 듯했다.

아내는 집을 나설 때부터 천으로 된 쇼핑백을 두 개나 갖고 왔기에 '일백 원'을 거슬러 받았다며 좋아한다. 그러고 보니 알뜰 주부들이 제가끔 비슷한 쇼핑백을 갖고 그 카운터 앞에 줄을 서서 집에서 가지고 온 장바구니에 담으려고 차례를 기다리고 있다. 단돈 50원 가치를 평가하기보다 자원 활용을 실천하려는 주부들 정성이 참 아름다웠다.

요즘 세상에 가장 존재가치가 희미해진 것이 동전이다.

용돈으로 나눠 준다 해도 아이들조차 외면해 버리는데 오십 원짜리 동전 한 닢 진정한 가치가 그처럼 살뜰하게 인정받는 것이 놀라웠다. 요즘 젊은이들은 일회용 종이컵 대신 자기가 사용할 컵을 배낭이나 가방 속에 넣고 다니며 커피나 음료수를 받아 마시는 것이 추세라고 한다. 그건 단돈 얼마를 아끼려는 의도만은 아닐 것이다. 주위 환경을 오염시키지 말고 위생과 건강을 고려하자는 다목적 행동으로 이해된다. 그리고 환경지킴이 역할을 스스로 실천하려는 의지의 표현이랄까. 어찌 됐건 그런 젊은이들 모습에서 밝은 내일을 보는 듯해서 무척 기분이 좋았던 날이다.

그처럼 나는 가끔 착각에 빠지곤 한다. 급속도로 변화하는 세태에 내 의식이 따라가지 못하고 자꾸 혼동을 일으키는 것이다. 구시대 묵은 생각에 빠져 있다 보니 크고 거창한 것은 잘 챙기지만 작은 일은 대수롭지 않게 여기고 무시하는 것이 나의 성격적 결함이다. 남의 것을 일시적으로 사용했다면 원상 그대로를 주인에게 돌려주는 것이 임차인 원상회복 의무다. 아무렇게나 쓰고 마구 버리면 그것이 곧바로 부메랑처럼 나를 향해 돌진해 오는 무서운 흉기가 되는 것을 알아야 한다.

대자연은 인간에게 한없는 자애로움을 베풀다가도 인간

이 학대하면 복수로 응수하는 것이 속성이다. 아름답고 쾌적한 환경은 하루아침에 이뤄지는 것이 아니지 않은가. 오랜 세월 가꾸면서 혼을 쏟아야 인간을 사랑하는 것이 자연의 속성이라고 들었다.

문득 피그말리온Pygmalion 효과란 말이 떠올랐다. 식물이나 동물도 칭찬을 해 주면 춤을 춘다고 한다. 고등동물인 인간은 말할 나위가 없다. 칭찬을 하거나 기대와 신뢰를 보내 주면 그에 부응하여 초인적인 능력을 발휘할 수도 있는 것이 인간이다.

주부들이 장바구니를 집에서 갖고 나선다든지, 젊은이들이 자기 컵을 가지고 다니는 일, 상품을 구입하고 과분한 포장지를 사양한다는 것은 무슨 기술이 필요한 것도 아니다. 자연을 지키는 데는 우리 스스로 작은 정성과 실천이 무엇보다 필요하다.

그런 자발적인 참여를 이끌어 내려면 신이 나서 그 일을 하게 하는 동기부여가 꼭 필요하다는 걸 느꼈다. 인간은 칭찬에 약하기에 벌을 받아야 하는 꾸중보다 상을 주고 등을 토닥여 주는 칭찬이 효과적이다. 비록 어려운 말이긴 해도 그 피그말리온 효과를 잘만 이용하면 우리 환경지킴이도 어려운 일만은 아니다.

제6부

평상심

오빠

말 한마디라도 조심해야 한다. 말 한마디가 천 냥 빚을 갚기도 하고 눈물의 씨앗이 될 수도 있다. 평생 이어온 우정이 깨어지기도 하고 한 사람 앞길을 막아 버리는 경우도 있어서 혀는 몸을 치는 도끼라고 했다. 아무리 조심해도 지나침이 없는 것이 말이라 하는데 제대로 실천을 못했다.

나는 고향에 갈 적마다 경상북도 영천 시내를 지나간다. 그때마다 읍내 재래시장에 있는 국밥집에서 요기를 하곤 한다. 뜨거운 국물로 양껏 호사를 누린 후에 상냥한 안주인이 덤으로 퍼 담아 준 마음의 노자까지 듬뿍 받았던 식당을 잊을 수 없다.

거기엔 낯선 베트남 처녀가 일하고 있었다. 그녀가 코리

안 드림을 꿈꾸며 국그릇을 나른 지 얼마 되지 않은 초보자일 때 거기서 식사한 적이 있다. 그녀는 열대지방 출신답지 않게 하얀 피부에다 다소곳한 자태가 우리나라 여염집 딸네와 별반 차이가 없었다. 우리 문화와 말이 어눌한 것이 다르다면 달랐다.

그녀는 식당 주인으로부터 철저한 교육을 받아서인지 자기 직분에 충실했다. 모발이 흰 나를 보고 '할아버지 어서 오십시오' 하며 인사하는 자세가 무척 밝고 호감이 갔다. 어떤 난관도 다 헤치고 나갈 각오가 보였다. 온 우주를 품속에 다 넣은 후에 금의환향하겠다는 결의가 대단했다.

그러던 어느 날이었다. 내가 할아버지라는 호칭에 거부반응을 보였다기보다 슬며시 장난기가 발동된 것이 화근이 되고 말았다. 그렇잖아도 나는 초등학생 손자를 두었으니 할아버지라 불리는 것쯤은 당연한데 "할아버지가 아니야, 오빠라고 불러줘"라며 너스레를 떨었다. 그녀는 잠시 어리둥절해하는 표정을 짓다가 "오빠 어서 오세요."라고 고쳐 말하는 것이 아닌가. 젊은 아가씨 상냥한 반응에 기분이 좋아졌다. "그래! 오빠 왔다" 하고 답례를 해 준 후 식당을 떠나왔다.

그러고 나서다. 그 베트남 처녀가 차츰 식당일에 재미를 붙여갈 때였다고 한다. 하루는 어떤 노인이 식당으로 들어섰는데 "오빠 어서 오십시오" 하고 인사를 했다는 것이다. 그러자 노인은 벌컥 화를 내며 "무엇이 어째? 날 보고 오빠라고…"라며 다짜고짜 온 동네가 떠나갈 듯 고래고래 고함을 질렀단다.

영천이란 고장은 예부터 예의범절이 바르기로 유명하다. 만고충신 정몽주 고향이기도 한 충절의 동네에서 평생을 살아온 팔순 노인에게 얄팍한 인사를 했으니 난리가 날 수밖에 없었다. 요즘 도시에 사는 노인에게 젊은 오빠라고 부르면 좋아서 입이 헤벌어지겠지만 평생을 반촌에서 나고 자란 토박이 노인에겐 해괴망측한 망언이 아닐 수 없었다. 어쨌거나 불같은 호통에 안절부절못하면서 갈피를 못 잡고 하루 종일 눈물을 흘렸다고 한다.

나는 나중에 자초지종을 듣고 무척 후회가 되었다. 농담으로 한 말 한마디가 뜻밖의 결과를 불러올 줄은 전혀 몰랐다. 좀 더 신중했더라면 그녀가 짐을 싸서 떠나지 않았을 텐데, 내 책임이 크다. 나 자신의 진정한 가치를 저울질하지 않더라도 어떤 생각을 하고 어떤 언어를 구사하는가에 따라 나의 모습이 그대로 나타난다. 무엇 때문에 천박한 언어를 구사했을까. 윤택해야 할 정신세계가 그것밖에 안 되는 양 경솔했을까.

국밥집에서 일한다는 것은 일종의 3D 업종으로 봐야 한다. 어렵사리 구한 종업원을 잃게 된 식당주인 허탈함도 매우 컸을 것 같다. 몸에 좋은 보약도 잘못 쓰면 독이 될 터. 사람이 나이 들면 얼굴까지 두꺼워진다고 했지만 왜 그런 저질에다 낯 두꺼운 농담을 했을까. 안 해도 될 말 때문에 보약을 준다면서 독약을 준 거나 다름없다. 진중하지 못하고 경박했던 자신을 책하고 머리를 긁적거리며 한동안 멀거니 서 있었다.

요즘도 고향에 가지만 그 국밥집을 들르지 않고 그대로 통과해 버린다. 그 시간에 국도에서 그리 멀지 않은 조그만 암자를 찾는 기회가 잦아졌다. 예불 소리가 들려오는 법당 뒤에서나마 피폐해진 정신세계를 가다듬는다. 그러면서 그때 베트남 처녀의 코리안 드림이 이뤄지길 빌다가 떠나곤 한다.

혜안慧眼에 길들지 못해

인생은 미완성이라 했습니다. 하지만 지난날을 생각하면 후회스러운 일이 한두 가지가 아닙니다. 이 세상에 처음부터 완벽한 사람이 어디 있겠습니까. 그런데 제가 맹꽁이처럼 속 좁은 짓을 한 기억은 좀처럼 잊히질 않습니다. 세월이 지날수록 새록새록 되짚어지니 왜인지 모르겠습니다.

요즘 저는 안경 챙기는 일로 하루를 시작합니다. 안경은 신체 일부와 연결된 소도구에 불과할 뿐이지 그것으로 제 생각과 통할 수는 없다고 생각합니다. 그렇게 철저하게 챙겨도 겨우 돌부리 걷어차고 고꾸라지는 일을 피할 수 있었던 것이 전부였습니다. 사람답게 살아가려면 어떤 물리적인 단속보다 더 크게 마음을 여는 자세가 필요하다는 것을 깨닫습니다.

제가 50줄에 들어서자마자 시력에 노화현상과 원시까지 겹쳐 급기야 안경이 나를 컨트롤한다고 해도 틀린 말은 아닙니다. 그것으로 코앞 장애물은 피할 수 있겠지만 삶의 굴곡진 이 일 저 일 죄다 내다볼 수는 없었습니다. 세상을 보는 능력이란 영혼의 눈뜸으로 길러져야지 돋보기 같은 보조기구 따위로는 손바닥 뒤에 숨은 자잘한 일상사 의미조차 들여다볼 수는 없었습니다.

이를테면 이런 일도 있었습니다. 1970년대 어느 날 난생 처음 해외여행을 떠나 어느 호텔에 여장을 풀었을 때입니다. 땀에 젖은 와이셔츠를 벗어 세탁소 신세를 지게 되었습니다. 다음 날 다림질한 옷과 계산서를 받고 보니 제 몫은 미화 2달러이고 룸메이트 몫은 1달러에 불과했습니다.

두 사람 세탁비는 모두 3달러였는데 제가 전액을 지불하지 않고 기어코 친구에게 1달러를 내라고 우겼던 것입니다. 1달러 가치는 우리 돈으로 500원이었던 시절이었으니까 밀고 당기고 할 일은 아니었는데 말입니다. 하기야 객지에 나오면 한 푼이라도 절약해야 하는 것은 당연하겠지만 천만리 이국이라면 말해 무엇하겠습니까. 그때는 철저하게 돈을 아끼는 흉내는 냈지만 이즈음에 와서는 그게 도로 마음속에 지병으로 남아 치료비가 더 드는 것 같습니다.

집 나설 때 매사에 조심하라며 아내가 저의 속옷 저 깊은 곳에 또 다른 천을 덧대어 달아 주었던 호주머니에 지갑을 넣어 버렸습니다. 그처럼 손톱 밑에 가시 찔리는 통증은 대형 참사처럼 폴짝폴짝 뛰면서 염통에 구더기 스는 것을 몰랐던 것입니다. 내 것 아까운 줄만 알고 한 치 앞을 내다볼 줄 모르는 맹꽁이 짓을 했다 싶어 40여 년이 흐른 지금도 후회하고 있습니다.

그때는 정장 차림으로 열대지방으로 여행을 떠났던 시대였습니다. 우리가 국민소득 3만 불 시대를 넘기는 동안 숨 가쁘게 달려왔습니다. 그러나 그 변화가 얼마만큼 삶의 질을 높여 주었는지 생각해 봅니다. 세계 10위권에 드는 경제대국이 되어 개인 소득은 늘었지만 그만큼 서로에게 마음을 닫아 버리면서 더불어 살자는 상생의지가 실종된 것 같습니다. 게다가 제가 워낙 못난 인간이라 걸핏하면 내 것 네 것을 가리는 버릇이 부지불각 중에 도지곤 했습니다. 그런 협량으로는 아무 일도 할 수 없다는 것을 알면서도 고치지 못했습니다.

요즘 일 년에 한두 차례 안과병원 신세를 지고 있습니다. 부족한 시력을 치료하는 것이 목적이지만 어리석음도 함께 치료할 수는 없을까? 하는 엉뚱한 생각을 하면서 드나들었습니다. 눈으로 보는 것뿐 아니라 사물의 본질이나 가슴으로 속 깊은 곳까지 꿰뚫어 볼 수 있는 혜안慧眼을 기르고 싶었습니다. 의사 선생님은 그것을 알아차리지 못하고 허욕으로 오염된 저의 눈동자를 확대경으로 들여다보기만 합니다.

남천동 삼익비치아파트

40여 년간 살던 아파트를 팔았다. 팔팔하던 삼십 대에 우리 네 식구가 입주하여 살아온 삶의 터전이다. 두 아들을 키워 제 갈 곳으로 떠나보내고 이웃과 정붙이고 살다 보니 어느덧 황혼이 되고 말았다. 정이 들 대로 든 보금자리였지만 시한폭탄을 손에 쥔 듯, 그걸 넘겨주고 부동산 소개소를 나올 때 나도 모르게 '랄랄라!' 콧노래를 불렀다.

우리 정서로는 오래 살던 집을 팔면 섭섭하지만 이번은 그게 아니다. 말하자면 처음 입주했을 때보다 거금을 받고 도장을 찍었기 때문이다. 이사 가려고 구입한 새 아파트는 전보다 평수를 줄였으니 새집을 장만하고도 만만찮은 차액이 생겼다. 목돈 앞에서 들뜨고 설레지 않는다면 그건 거짓말이다.

새로 산 아파트 등기필증을 받으러 법무사 사무실로 갔을 때였다. 집 잘 팔았다는 축하는커녕 대뜸 바보짓을 했다고 핀잔을 준다. 내 딴엔 최곳값이라고 생각하고 10억 원에 계약했었다. 두어 달 사이에 두 배가 올라 20억 원을 호가한다니 날 보고 바보 아니면 등신이라는 것이다. 부동산 정책이 바뀔 때마다 집값이 천정부지로 요동치는 것이 우리 현실이다. 그걸 못 참고 성급하게 처분해 버렸으니 바보 소리 들어도 싸다.

요즘은 부동산 정책을 믿고 따르는 이가 도리어 바보 아니면 천치다. 서울 강남을 누르면 강북이 솟아나고 부산 해운대를 잡으면 대구 수성구가 튄다. 새로운 대책을 쏟아내는 그날부터 시세는 도리어 천문학적 숫자로 뛰니 멀쩡한 사람 병신 만들기 딱 좋은 것이 부동산 정책 같아서 입맛이 쓰다.

이번에 넘겨준 아파트는 해수욕장을 낀 부산 최초 대단지로 재건축을 코앞에 두고 있다. 투기꾼들이 호시탐탐 노리는 길목의 먹잇감이다. 그 아파트를 지을 때만 해도 바닷바람에다 소금기에 부산 최초 고층 아파트 12층이라서 노년층은 창밖을 내다보면 어지럽다며 인기가 없어서 제값 주고 매입하는 사람이 많지 않았다. 우리 내외가 무리를 해가며 텁석 내 것으로 만들었던 사연 많은 보금자리다.

아파트 단지는 해가 갈수록 벚나무가 군락을 이루며 수세를 자랑하더니 상춘객이 장사진을 이루는 관광지가 됐다. 어느 순간부터 부자 동네라는 딱지가 붙었지만 실속은 그게 아니었다. 이웃 동네에 100층짜리 아방궁 같은 아파트가 생기고 나서부터 구형 건축물로 전락하고 말았다. 간혹 위층 화장실 오물이 우리 집 천장에 얼룩을 그리기도 했다. 지하층이 없는 아파트라 주차장을 겸한 마당은 포화상태가 되어 주민들 사이엔 주차민원이 끊이지 않았다. 그런데도 부족함이 없는 듯 꾹 참고 사는 나를 보고 아직도 그 동네에 사느냐며 친구들은 놀렸다.

우리나라는 주거 형태가 단독주택에서 아파트로 바뀌면서 국민의 의식조차 바뀌었다. 그전만 해도 마당과 대문이 달린 단독주택이 지닌 장점은 얼마나 컸던가. 울타리나 담, 마을과 우주로 연결된 고샅길은 정감이 흘렀고 인정이 넘쳐나 네 것 내 것 없던 시대도 있었다. 마당에서 흙을 밟고 자치기, 땅 따먹기, 고무줄 놀이하던 아이들은 다 어디로 가고 아담한 주택에 살던 향수는 이제 관심에서 멀어지고 말았다.

이제 사람들은 둘만 모이면 아파트로 재산을 늘리고 불리는 이야기로 정신들이 없다. 나도 마음을 비우고 살아야지만 뒤늦게 무슨 욕심이 눌어붙었는지 투기꾼 마음 씀씀이와 별반 다를 게 없다. 아파트를 이용해서 한밑천 잡아보려는 양면성을 가졌던 시절이 있었음을 고백하지 않을 수가 없다.

지금 당신은 어느 아파트 몇 층 몇 호에 사는가? 누가 질문하면 대답하기가 애매한 시대에 살고 있다. 잘살고 못사는 부의 편중과 서열화를 극명하게 드러내는 경우가 아파트 말고 또 있을까. 부산시 수영구 남천동 소재 삼익비치 아파트를 팔고 주거환경이 더 좋다는 윗마을 괜찮은 아파트로 이사 간다. 새 아파트를 구입하고도 차액을 남긴 건 사실이다. 세무서에 양도차액 신고는 했지만 혹시 나도 부동산 투기는 아닌지. 그저 '허허' 하고 억지로 편한 듯 웃어보지만 3개월 사이에 10억 원을 놓친 터라 뒤가 자꾸 당긴다.

평상심

나는 성격이 급한 편이다. 게다가 고집스럽기도 하고 말도 많은 편이다. 그런 좋지 못한 버릇을 고치라고 숟가락으로 밥을 떠서 입에 넣어주듯 지적하는 분도 있지만 도무지 고쳐지지가 않아 고민이다. 그래서 금전적이나 인간적으로 적지 않은 손해를 볼 때가 있어서 마음의 상처까지 입고 만다.

이 수필은 2005년에 '평상심平常心'이란 제목으로 어느 지면에 발표한 적이 있어서 퇴고했던 그때가 어제 같다. 그 이후에도 말수를 줄이려고 안간힘을 쓰면서 듣기 중심으로 살아가려고 작정했지만 나도 모르게 불쑥불쑥 튀어나오고 만다. 모른 척해도 될 일에 괜한 참견으로 가치 없는 사람으로 내몰리곤 했다. 적군이 쳐들어오기라도 하듯이 조급하게 굴면서 곁에 있는 사람들이 불안을 느낄 정도로 허둥대면서….

나는 '테스 형'이란 노래를 부른 L모 가수를 좋아한다. 그는 텁텁한 외모로 막걸리 맛 같은 인기를 끌고 있지만 입이 무겁다는 평을 받는다. 어느 모로 보나 화려한 꽃미남도 아니란 점이 오히려 점수를 더 얻는다는 평이다. 시적이고 낭만적인 사람으로 분류되기보다 좀 촌스럽고 어리벙벙해 보일지는 모르지만 재잘재잘 지껄이지 않아 여성들은 물론 남자들도 그런 뭉텅한 인상을 진국으로 친다는 것이다. 입속에 든 말을 즉석에서 내뱉어야 직성이 풀리는 나로서는 그런 사람 근처라도 가보고 싶었다. 이를테면 영화 '대부'에서 주인공을 맡았던 말론 브란도 같은 무덤덤한 인상에 사로잡힌다. 그것은 외모야 어떻든 내면으로 풍기는 무게감 같은 것이다.

입에서 나오는 말을 참으려고 허벅지를 꼬집기도 했다. 속으로 '하나' '둘'을 세며 참는 연습을 할 때도 있었다. 억지로 삭이다 보면 열이 확확 달아오른다. 입은 하나이니 말은 줄이고 귀가 둘인 것은 듣기를 두 배로 하라고 했던 옛말을 교훈으로 삼으려고 애썼다. 공자는 이순耳順이 되면 말하기보다 듣기 위주로 살아가라고 가르쳤지만 실천을 못하고 있다.

말을 참으려고 소모한 에너지로 해서 몸살을 앓을 때도 있었다. 어떤 친구는 타고난 천성이라 하고 또 다른 이들은 후천성이라고도 하면서 고칠 수 있으니 노력하라고 충고했다. 인내심을 가지고 수신을 한다면 말수는 자연히 줄어들 것이라고 다짐했지만 아직도 헤매고 있다.

어느 교수가 쓴 글을 읽어 보았다. 담배를 끊으려고 법당 뒤에서 밤새도록 관세음보살을 외면서 자신을 되돌아본 끝에 드디어 금연했다고 한다. 나도 급한 성질머리쯤은 못 고칠 이유가 없다고 다짐하며 실천하다 보니 희망이 보였다. 인간의 천성은 착하다고 해서 일찍이 성선설性善說을 주장한 성인도 있다. 몸에 밴 습관이라도 독한 마음만 먹으면 성인까지는 아니더라도 서서히 바로잡을 수 있다는 것이 평상심일 것이다.

그러나 사람은 연륜이 어느 정도 성숙된 단계에 접어들어야 상처가 아물고 마음속에 자리 잡는다고 한다. 이젠 큰 것을 손아귀에 넣으려고 하지 말고 물컵에 든 생수 한 잔을 마시는 여유를 가지고 작은 것부터 실천하리라. 주위를 한 바퀴 둘러보는 여유를 가지며 입에다 천근만근 추를 달았다고 생각하리라.

내 수필에도 이런저런 다짐을 그럴싸하게 잔뜩 써 놓았다. 그러고는 글과 사뭇 다르게 살고 있는 것 같다. 이 글을 몇 년 후에 다시 읽는다면 내 행동은 어떻게 달라졌을까, 큰 기대를 하게 된다. 이는 거창한 다짐이라기보다 일상생활에서 조신操身하는 평상심 같은 것이다. 내 인생도 저녁놀처럼 제법 붉게 서녘 하늘을 물들인다면 얼마나 감격스러울까.

국자를 씻으며

의사 선생님 특별 강의를 들었다. 처음에는 그저 그러려니 하고 에멜무지로 귀를 기울였지만 시간이 지날수록 진지한 입담에 빠져들고 말았다. 평범한 일상의 이야기라도 가치 있는 주제거나 얘기하는 사람 재치에 따라 감흥이 증감되는 것 같았다.

강의 내용은 들을수록 흥미로웠다. 배달해 주는 우유를 가만히 앉아 받아 마시는 사람이 건강한가, 정신없이 뛰어다니며 배달하는 아주머니가 건강한 삶을 사는가, 라는 것이 그날의 주제였다. 수동적인 삶보다 적극적인 생활을 해야 건강해진다는 내용에 시간 가는 줄 몰랐다.

그러고 얼마 후 두어 달가량 기러기 아빠 신세가 된 적이 있다. 며느리 해산바라지하러 아내는 미국으로 떠나고 홀아비 아닌 홀아비 신세가 되었기 때문이다. 우리 집 전통은 어떤 가문 못지않게 집안 가장이라면 부엌 출입을 금지시켰던 것이 불문율이어서 나도 그 피해자였다.

그러자니 평소에는 아내가 차려 주는 음식 아니면 끼니를 거를 수밖에 없었다. 냉수 한 모금이라도 주부의 손을 빌려야 했으니 부엌일이란 더더욱 캄캄할 수밖에 없었다. 그런 연유로 점수를 얻지 못하던 차에 식사를 내 손으로 해결하고 세탁기를 직접 돌려야 하는 신세로 전락한 것이다. 다행히 전기밥솥이라든지 반찬 데우는 조리 기구 사용법을 출국 전에 대강 익혀 두었다. 그래도 어둔하기는 매한가지였다.

옛말에 내리사랑이라 했다. 주부가 며느리 미역국 끓여 주러 떠났으니 망정이지 친구들과 온천으로 꽃놀이 떠났다면 화를 버럭버럭 내며 굶는 것을 밥 먹듯 할 위인이 바로 내가 아닌가. 이번에 여자들만이 부엌일을 해야 한다는 생각을 다 허물게 된 것은 손자를 얻는다는 기쁨이 그만큼 컸기 때문이었다.

아내가 출국하고 며칠이 지났다. 미리 냉장고에 준비해 둔 음식물을 덜어서 먹는 것쯤은 식은 죽 먹기다. 독신 생활에 차츰 숙달이 되고 보니 소위 보수적인 '안동양반'이라 자처하던 체면도 점차 사라짐을 알게 되었다. 환경이 사람을 지배한다더니 이런 나를 두고 하는 말이 아닌가 싶어 피식 웃고 말았다.

정작 애로는 따로 있었다. 바로 설거지와 음식물 쓰레기 치우기였다. 끼니를 해결하는 일에는 별로 불편함이 없었지만 빈 그릇을 제자리로 돌리는 작업을 하려고 고무장갑을 끼는 순간부터가 문제였다. 음식을 조리하는 일보다는 뒤치다꺼리하기가 번거롭다고 하더니 체험해 보니 사실이었다. 평생토록 군말 없이 해 온 아내가 새삼 고맙다는 생각이 들었다.

접시나 대접 같은 식기종류보다 손잡이가 달린 주방기구를 더 깨끗하게 씻어야 한다. 국자나 수저로 음식물을 뜨는 쪽보다 손 닿는 부분이 더 오염됐을 테니 아내가 시키지 않을수록 더 깨끗이 씻어야 한다. 내 딴엔 뽀도독 뽀도독 소리가 나도록 문지르고 여러 번 헹궈 식기 건조기에 넣었다.

혹시라도 손에 몹쓸 세균 같은 것이 묻은 것을 모른 채 음식을 데우고 조리했다면 어쩔 뻔했던가. 평소 남성 영역이 아니라고 홀대했던 설거지, 하찮게 여겼던 부엌일들이 참으로 힘들구나 싶었다. 주부의 자리가 이렇게 컸던가 하고 허리를 좌우로 돌려 보았지만 뻐근하기는 마찬가지다.

한동안 부엌을 부지런히 들락거리다 보니 아내의 비밀 창고인 싱크대 수납장을 우연히 열어 보게 되었다. 진작부터 그 존재조차 알지 못했는데 깊숙한 그 속에는 의외로 손잡이가 달린 주방기구가 많았다. 국자나 수저뿐만이 아니고 평소 접하지 못한 이상하게 생긴 조리 기구들이 눈에 띄었다.

끝이 뭉툭한 식칼하며 꽃무늬가 이국적이면서 손잡이는 대나무로 된 주전자도 있었다. 또 겉보기에는 가벼워 보이는데 들어보니 꽤나 묵직한 프라이팬을 비롯해서…. 이런 저런 주방기구들 용도는 대체 무엇일까. 이리저리 살펴보다 제자리에 도로 넣고 문을 닫아 버렸다.

언제 장만한 것들인지 주부의 살뜰함을 그제야 알게 되었다. 그 주방기구들을 내려다보니 아내의 애환이 서린 듯 왠지 애틋해 보였다. 생활비를 넉넉하게 못 준 형편인데도 두 아이 어미로서 한 푼 두 푼 쪼개가며 살림해 온 지난 세월이 그 속에 오롯이 담겨 있었다.

문득 지난번 들었던 의사 강의가 떠올랐다. 우유나 야쿠르트 배달하는 아주머니가 더 건강하다는 말이 잊히지 않는다. 그렇다면 아내가 해 주는 밥을 앉아서 받아먹는 나보다 밥하고 설거지하고 빨래하느라 바쁘게 뛰는 아내가 더 건강해야 할 텐데 싶어진다.

빈말이 아니라 이번 기회에 직접 체험해 본 설거지는 머리 깎고 산에 가서 도를 깨치는 일과 비슷했다면 망발일까. 이 세상 남편들에게 모름지기 설거지를 한번 해 보라고 권유하고 싶다. 그러면서 국자 손잡이까지 깨끗하게 씻는 자체가 도를 닦는 일이 아니었던가 하고 생각해 본다.

사색의 길목

지난여름은 정말이지 더웠다. 그런 찜통더위를 견뎌냈다는 것만 봐도 이번 가을은 축복이다. 한없이 투명한 코발트빛 하늘에 점점이 떠 있는 새털구름과 수줍게 피어 있는 구절초, 그 주위를 맴도는 고추잠자리, 노랑 은행잎이 가는 곳마다 흩뿌려서 이 가을은 진실로 아름답다.

가벼운 차림으로 뒷동산에 올랐다. 어떤 이들은 오솔길을 걸을수록 느낌이 많아 저 너머 이상향이 보인다고 했는데 정말 그랬다. 동네를 벗어나든 험한 골짜기든 가을날 자연에서 한나절 보낸다는 것은 축복이라고 하는 것부터가 그랬다. 오색 단풍이 눈을 현혹시키는 산길에는 우주를 품은 정기가 가득 고여 있다지만 그걸 받아들이지 못하고 무심하게 살았을 뿐이다. 내 것으로 품어야 내 것이 되고 지나치면 흙길이요, 그저 산길에 무심히 널브러진 낙엽일 뿐이라는 것을.

낙엽을 밟으며 마음껏 심호흡을 한다. 심호흡이란 몸속 찌꺼기를 밀어내는 것인 만큼 빈 공간에 더 많은 것을 채울 수 있다는 신호를 보낸다. 온갖 잡초에다 무거운 짐을 내린 상수리 가지의 자유로움, 거침없이 날아오르는 새들 날갯짓 소리를 들을 수 있다. 무더위를 이겨내고 영근 열매들이 가지와 인연을 끊지 못해 아등바등 힘겹게 매달려 있는 모습이란 처절한 삶의 현장임을 증명한다.

거기다가 일생을 다하고 팔랑팔랑 날갯짓하며 내려앉는 낙엽을 보노라면 사계절을 돌고 돌며 생사를 거듭하는 억만 생물체들 윤회가 신비로워 어느새 사색에 잠긴다. 그래도 여기는 참회의 도장이라기보다 금련산 정상으로 가는 오솔길임을 환기한다.

'지자요수 현자요산知者樂水 賢者樂山'이란 말이 생각난다. 슬기로운 사람은 쉼 없이 흐르는 물을 좋아하고 어진 사람은 천만년을 변함없이 솟아있는 산을 좋아한다는 말이다. 현자賢者란 또 다른 해석으로 인자仁者가 아니겠는가. 그 말은 산 자체가 슬기롭고 어질기 때문에 산을 좋아하지 않는 사람도 산에 동화되어 어질고 슬기롭게 순화된다는 뜻은 아닐지.

길옆으로 드리운 소나무하며 여름내 인고의 세월을 견딘 잡목들 살아가는 이야기가 들려온다. 사색적인 가을이란 어떤 의미인가 묻는 것 같다. 아무래도 화려한 꽃미남보다 좀 촌스럽고 어정쩡하게 보여도 진실한 사람이 진국이듯 모름지기 잎사귀 한쪽에 벌레가 먹어 구멍이 숭숭한 그런 이미지 단풍잎처럼 살아갔으면 하고 말이다.

구부러진 노송처럼 허리를 굽히고 노란 은행잎 하나를 줍는다. 낙엽이란 추억이나 애수가 깃든 엽서와 같다고 했다지만 또 다른 의미로 다가오는 것 같다. 오래도록 만나지 못한 얼굴들, 이제는 가버린 옛사랑, 청년시절에 힘들게 살아온 인생역전을 더듬어 보는 것도 호젓한 산길이 아니면 어찌 느끼겠는가.

오늘 뒷동산으로 나설 준비를 하고 있는데 '혜암' 종정이 입적했다는 방송이 나왔다. 혜암은 하루 한 끼 발우 공양으로 연명하며 자리에 눕지 않는 장좌불와長坐不臥 엄격한 수행을 평생토록 실천한 선승이라고 한다. 그 스님은 본능과 욕구를 초월해서 우리가 알지 못한다는 경지에 이른 분이다. 중생인 내가 힘들게 오르는 산길이지만 극락왕생을 마음속으로나마 빌지 않을 수 없다.

드디어 정상에 올랐다. 가쁜 숨을 고르며 심호흡을 해 본다. 움트고, 꽃 피고, 열매를 맺었다가 이 멋진 가을에 죄다 내려놓고 왔던 곳으로 회귀하는 노스님 일생이나 대자연 순환은 너무나 숭고하고 아름답다.

비스듬한 너럭바위에 엉거주춤 누웠다. 구만리 아득한 가을 하늘을 시리도록 바라보면서 학생시절 좋아했고 이브 몽땅이 불렀다는 고엽枯葉을 흥얼거려 본다. 무감각한 내 감성에 시나브로 생기가 돈다. 육신뿐만 아니라 마음속 무거운 짐을 훌훌 벗어던지고 사색에 잠겨 보았던 어느 날이다.

돌고 도는 것

가끔 진료를 받는다. 몸속 어느 곳 핏줄이 조금씩 막혀가며 순환기능이 노쇠해 간다는 충고를 들었다. 그동안 고명한 의사 선생님이 수고해 준 덕분인지 아니면 내가 스스로 열심히 운동을 한 덕분인지 여하튼 호전되어 간다는 의사 소견이다. 평소 세 알씩 처방 받았는데 오늘부턴 하루 두 알씩만 복용하라고 한 알을 줄여 준다. 얼마나 다행인가.

그러고 보면 순환한다는 것은 막히지 않고 원활하게 돌아가는 우주 법칙과 다름없다. 막힘없는 혈액 순환이란 아프질 않으면서 어디가 한 곳이라도 막히면 병이 된다는 말을 들었다. 하기야 지구라는 자전공전自轉公轉 2중회전체二重回轉體 속에서 사는 것이 인간이 아닌가. 아예 삶 자체가 빙글빙글 돌아가도록 숙명 지어진 것이란다. 돌고 도는 돈을 가장 애지중지하며 더러는 허욕을 부리며 더 많이 차지하려는 것도 그 때문이다. 끝없는 윤회 굴레 속에서 살다가 늙어서 저세상으로 가는 것도 '돌아가셨다'고 표현하는 걸 봐도 그렇다. 하여간 인간은 윤회사상을 매우 중요하고 심각하게 생각하는가 보다.

며칠 전 고향집에서였다. 오랜만에 어머니를 뵈러 갔는데 맏아들이 왔다고 닭곰탕을 끓여 주셨다. 이제는 휠대로 휜 허리에다 청력까지 온전치 못한 분이 손수 끓여 주신 닭곰탕이니 어찌 그 맛이 예사로울 수가 있으리.

어머니는 마당가 손바닥만 한 텃밭을 가꾸시며 햇병아리 몇 마리를 받아다가 동무 삼아 길렀는데 그중 한 마리를 희생시킨 걸 내가 모를 리 없다. 모이를 주고 닭장 문을 여닫던 고마운 손길인데 제 목을 비틀 줄 녀석은 예측이나 했을까. 장독대 옆에 걸어 뒀던 조그만 무쇠솥에 어머니표 정성까지 넣고 밤늦도록 지켜 앉아 끓이셨을 곰탕.

이튿날 아침 나는 포식을 했다. 아무리 천하의 팔진미八珍味라 한들 그 맛에 비할 수는 없으리라. 보이지 않지만 무엇보다 크나큰 게 어머니 사랑이요 정성임을 절감한 순간이었다. 연방 닭고기를 뜯는 나를 무심하게 지켜보다가 사발이 바닥을 드러낼라 치면 국자로 진국을 얼른 담아 주시곤 했다.

이럴 때 마당가에는 수탉 한 마리가 한 발은 들고 한 발로 서서 아침 내 어정댄다. 깨금발 자세로 방 안에서 제 동료 살점을 입에 넣고 우물거리는 모습을 염탐하고 있었다. 그때 어찌나 미안하던지.

그러나 문제는 파리란 놈들이다. 예의염치 없고 눈치코치도 없이 귀찮은 존재들이 아무 데나 극성스럽게 달려들고 이것저것 찝쩍댄다. 어머니가 끓여 주시는 구수한 닭곰탕 냄새에 회가 동한 것인지 마구 덤벼든다. 인자한 어머니도 참다못해 파리채를 들었다. 영공을 넘어온 적기를 정조준 하듯이 탁! 하는 소리와 함께 보기 좋게 명중되어 바닥에 나뒹굴 때 파리채로 떠다가 열린 창문 너머 던져 버린다.

그 순간이었다. 마당에서 어정대던 수탉이 야구장 외야수처럼 잽싸게 받았다. 긴 다리에 비호같이 달려가 포물선을 그리며 날아오는 것을 부리를 채 벌리지도 않고 날름 받아 목구멍 속으로 넘겨 버리는 솜씨가 그야말로 전광석화다.

히야! 감탄하지 않을 수 없었다. 신속 정확한 그 멋진 자세라니! 세계 최고 외야수 중에서 텍사스야구팀 추신수 선수도 그 같은 묘기를 보여 주지는 못하리라. 놀라운 동작을 다시 보고 싶어서 내가 파리채를 잡고 신중히 겨냥해서 날려 보았지만 보기 좋게 빗나가고 말았다. 원래 헛바퀴 굴리는 데는 선수여서 파리 몇 마리를 사냥한답시고 꽤나 진땀을 흘렸다.

어쨌거나 파리를 수탉이 받아먹고 또 닭고기를 내가 먹었다. 먹고 먹히는 먹이사슬에서 파리란 놈과 수탉은 어디쯤에 위치해 있는 걸까. 그리고 나란 존재는? 들쥐처럼 작은 동물은 독수리 같은 큰 짐승 먹이가 되고 또 더 큰 짐승 밥이 된다. 새우는 플랑크톤을 먹고 상어 같은 포식자는 물고기를 먹고 세상은 빙글빙글 끝없이 돌아간다.

결국 산다는 것은 도는 것, 바람개비처럼 빙글빙글 도는 것이다. 끝없이 회전하는 것이 삶이 아닐까. 먹고 먹히며 먹이 사슬도 돌고 돈도 돌고 업보도 인연도 돌아간다. 어차피 도는 인생, 내가 좀 재미없는 수필을 썼다 해도 '저놈 돌았다'고 해도 이상할 것도 없다는 생각마저 든다.

세상이 눈 빠지게 돌아가니 윤회의 바퀴는 어디까지 굴러가는 것일까. 그 업의 고리에서 해탈을 찾는 길은 어디쯤에 있는 것일까. 나도 가끔 그런 생각을 골똘히 해 볼 때가 많아졌다.

매화분을 버리며

매화나무 화분 하나를 얻어다 길렀다. 나직한 키에 철사로 동여맨 가지의 생김새라든지 그다지 볼품없는 분재였지만 머지않아 살음이 되면 은은한 향기가 방 안에 그득하리라 믿었다. 그런 기대에 부풀어 자식 기르는 심정으로 정성을 기울였더니 금방 밝은 표정으로 다가왔다. 생물체란 사람 손길이 어떻게 미치느냐에 따라 꽃 피고 열매도 맺는다는 믿음으로 정성을 들였다.

날이 갈수록 내 정성은 더했다. 날씨가 추우면 방에 들이고 더우면 베란다에 내놓으면서 보살폈다. 그런데 이게 어찌된 일인가. 언제부터인지 시들시들 앓기 시작하더니 잎사귀가 꺼멓게 죽어가는 것이 아닌가. 그걸 나에게 보내준

분 정성을 생각해서라도 보고만 있을 수는 없었다. 어떻게 해서라도 꼭 살려야 한다는 일념으로 퇴근하면 넥타이도 풀지 않은 채 화분 곁에 붙어 서서 들여다보고 또 보고 하면서 물도 뿌리고 잎도 닦아 주며 파랗게 살아나길 바랐다.

마음과 달리 자꾸 말라가는 잎사귀를 보며 안절부절못했다. 분재에 대한 기본적인 지식조차도 없었기에 그냥 들여다본다든지 식구들 몰래 물 주는 일이 내가 할 수 있는 전부였다. 고작해야 창문을 열어 바깥 공기도 쐬고 햇살이 너무 강한가 싶으면 그늘 쪽으로 위치를 옮겨 주는 정도였다. 그래도 나아지기는커녕 자꾸만 잎들이 말라가고 내 마음도 그 나무처럼 시들어 가는 듯했다.

그 매화분은 화훼농장을 하는 학교 선배가 나와 친구에게 각각 한 포기씩 선물한 분이다. 그날 함께 선물 받았던 친구 화분은 수세가 아주 좋고 잘도 자란다며 자랑을 늘어놓았다. 그런데 내 것만 그렇게 앓기만 하니 답답한 노릇이다. 급기야 죽어서 한 토막 고사목이 돼 버린 매화나무를 화분째 내다버리면서 무척이나 우울했다.

난초를 그리려면 난의 성질을 알아야 한다 했듯이 매화를 기르는 것도 다를 바가 없을 것이다. 그런데도 성급하게 얼른 매화꽃을 품고 매심梅心에 취해 볼 욕심이 앞섰던 것이 실패 원인이 아니었을까. 그러고 보면 세상 모든 일이 사람을 잘 만나는 데 달린 것이 아닐까 싶었다. 중병에 걸린 사람도 의사를 잘 만나면 훌훌 지병을 털고 일어서는 사람도 보았다. 배우는 젊은이들은 부모와 친구도 중요하지만 스승을 잘 만나야 올바른 인생길을 찾고 삶의 보람을 이뤄 나갈 수가 있다는 이치와 무엇이 다를까.

괴테는 '부모로부터 육신은 받았지만 스승으로부터는 얼을 받았다.'라고 했다. 스승에 관한 이야기라면 퇴계 선생 일대기를 다룬 퇴계소전退溪小傳 일화도 잊을 수 없다. 선생께서 도산서당에서 후진을 길러낼 때 일이라고 한다. 하루는 두 젊은이가 찾아와 문하에 들기를 원했다. 그중 한 사람이 한강寒岡 정구鄭逑요, 또 한 사람은 내암萊庵 정인홍鄭仁弘이란 사람이었다고 한다. 퇴계는 그 둘 중에 한강을 문하생으로 받아들인 이유는 텁텁한 성격에다 있는 그대로 자기 개성을 드러낸 데 있다고 했다. 같은 친구이지만 내암은 한마디 한마디가 자로 잰 듯 이론이 정연했고 차림새조차 반듯하여 빈틈없는 청년이었다고 한다.

퇴계로부터 입문을 거절당한 정인홍은 경상도 산청 땅으로 남명南冥 조식曺植 선생을 찾아가 마침내 그 밑에서 학문을 닦고 조정에서 벼슬을 살았다는 것이다. 그의 벼슬이

높아지자 사색당쟁 중심인물이 되어 나라 안팎을 시끄럽고 불안하게 만들었다. 심지어 영창대군을 불태워 죽이는 계축옥사를 일으키고 인조반정 때는 스스로 참형을 당하는 액운을 겪는다. 급기야는 그를 가르친 스승인 남명 선생까지 참혹한 추형을 당했다는 이야기다.

일찍이 제자 인품을 가늠해 보고 문하에 받아들이기를 거절했던 퇴계의 선견지명이 놀랍다고 할 수밖에 없다. 요컨대 배우는 사람은 좋은 스승을 모셔야 올바른 배움을 얻을 수 있고, 스승도 제자를 잘 만나야 보람을 찾을 수가 있다는 실례다.

나는 그때 말라죽은 매화분을 아파트 경비실 앞에 내다 버렸다. 주인 잘못 만난 한 그루 꽃나무가 나를 얼마나 원망했겠는가. 그 일생이 못내 안쓰러워 속으로 '미안하다'를 연발했지만 때는 늦었다. 무거운 발길로 돌아오면서 꽃나무라 해도 어떤 주인을 만나느냐에 따라 팔자가 달라지는구나 하고 내 자신의 무능함을 다시 한 번 개탄했다.

이제 나는 나이를 먹을 만큼 먹었다. 하지만 아직도 배우는 일이라면 천릿길을 마다하지 않고 달려가곤 한다. 무슨 입신출세가 목적은 아닌데도 비행기 편으로, 기차로, 혹은 자동차를 직접 운전하고 수필쓰기 연수회를 찾아다닌 길이 그 얼마였던가. 훌륭한 선생 지도 없이 자습으로 깨치기란 쉬운 일은 아니었기 때문이다.

나 같은 둔재는 죽을 때까지 배우며 살아가야 하리라. 그러다 보면 훌륭한 스승을 만나 가르침을 받고 좋은 글을 쓸 수도 있지 않을까 자위해 본다. 그러면서 누가 나에게 또 한 그루 꽃나무를 선물한다면 지극정성으로 길러 아름다운 꽃을 피우게 하리라. 거기다가 주렁주렁 향기 짙은 열매까지도 달리게 하리라 다짐한다.

겉모양

겉 다르고 속 다른 것이 세상이다. 드러나는 외모로 사람됨을 알기는 더욱 어렵다. 웬만큼 못생긴 얼굴도 성형외과에 가면 소위 얼짱이란 별명을 달고 나오는 판이니 겉모양만 보고 인격을 판단하기는 쉽지가 않다. 오죽했으면 하느님도 얼굴 뜯어고친 한국 사람을 저승으로 데려가기 어렵다는 말이 나왔을까.

한국인들, 특히 젊은 여성 치고 얼굴 뜯어고치고 싶지 않은 사람이 없다고 한다. 웬만한 간선도로변에는 성형외과 병원 간판이 유혹이나 하려는 듯 온통 독차지하고 있다. 그런 탓으로 요즘 의과대학생들 중에서도 성적이 우수한 학생일수록 성형외과를 전공하려고 줄을 선다는 세상이다.

나는 눈썰미 없는 사람에 속한다. 그러니 거죽이 화려함에 눌려 사람 알아보는 것이 쉽지 않았다. 속까지 알아본다는 것은 더더욱 어림없는 일이다. 일찍이 관상 보는 법이라도 배웠더라면 하고 생각해 보지만 이제는 후회해도 소용이 없다.

우리 선조들은 인물을 감식하는 눈을 지인지감知人之鑑이라 해서 세상 사는 데 없어서는 안 될 하나의 자질로 쳤다. 인간사 모든 것은 사람이 하는 것이요, 사람을 잘 만나고 못 만나고 하는 데 따라서 흥망성쇠가 달렸다고 보았기 때문이다.

그 옛날 유비劉備도 삼고초려 끝에 제갈량을 군사軍師로 삼았기에 천하삼분지계天下三分之計로 드넓은 중원을 통제할 수 있었다는 것이다. 그러고 근세에 와서도 대기업에서 신입사원을 뽑을 때 저 깊은 사람 속을 들여다보기 위해 관상으로 사람됨을 판단한다는 얘기는 모르는 사람이 없을 것이다. 그때 유비가 인물감식안人物鑑識眼에 힘입어 중국대륙을 평정했듯이 오늘날 우리가 세계시장을 석권하는 경제 강국이 된 것도 다 재목을 고르는 안목이 남달랐다는 뜻이 아닐까.

내가 한때 외모 지상주의에 빠져 겉만 보고 선불리 상대에게 다가갔다가 낭패를 당한 적이 있었다. 말하자면 A씨는 공무원이었는데 그의 중후한 외모는 흡사 고위직처럼 보였다. 하루는 통상적인 인사치레로 과장님이라며 깍듯이 인사를 건넸는데 느닷없이 '저는 과장이 아니고 계장입니다.'라고 내 귀에다 대고 겸손이 담긴 속내를 털어놓았을 때 얼마나 당황했던지.

지난날 우리가 산업사회로 내달리며 고도성장을 하는 과정에서 계장은 과장, 부장은 한 단계 높은 국장으로 한 직급씩 높여 부르면 당연한 것처럼 여겼던 것이 사회적 통념이었다. 하지만 그날따라 하위직을 고위직으로 뻥튀기 한다는 것은 듣기가 민망하다고 정중히 사양했던 그분 앞에서 아차 싶어 머리를 긁적댔던 적이 있다.

사람 보는 눈이 없으면 실수가 잦을 수밖에 없다. 나를 돕고 부족한 점을 채워줄 귀인인지 해코지할 사람인지, 내면을 모르면 눈 감고 장사하는 것이나 다를 바 없다. 사람에게는 사람을 알아보는 통찰력이 있어야 정치건 사업이건 성공적으로 이끌 수 있다는 논리 아니겠는가.

나는 소년 시절에 텃밭 옥수수가 어서 여물기를 기다렸다. 높이 솟은 강냉이가 수염을 드러내고 왕성하게 자라는데 속통이 하도 궁금해 손톱으로 벌려서 들여다보니 듬성

듬성한 알갱이가 하얗게 보였다. 촘촘히 영글려면 뙤약볕 아래 인내하는 시간이 더 흘러야 함을 모르면서 상대에게 흠집을 냈던 것이다.

이처럼 못난 나는 철부지 때부터 세상 보는 눈이 모자라도 한참이나 부족했던 것이 지금까지 이어져 온 것 같다. 사람을 볼 줄 모르니 세상 이치는 더더욱 미숙한 채 살아온 것이 어쩌면 천행이라 해야 하겠다.

그런데도 불구하고 늘 번드레한 외모에 자꾸 속는다. 그러자니 핵심을 놓치기 일쑤다. 화려한 포장술에 속아 충동구매를 하고 간드러진 전화음성에 사기를 당하다 보니 육신이나 영혼이 좀 피곤했으랴. 사물의 진정성을 꿰뚫는 지혜는 언제쯤 생겨난단 말인가.

대청마루와 나

장마가 끝나고 맑게 갠 주말이다. 서둘러 차를 몰아 고향집에 도착해 보니 빗물에 얼룩진 사랑방 창문이 너덜너덜하다. 조상이 물려준 기와집 관리란 쉽질 않지만 나를 가만있게 두질 않는다. 창문에 한지로 정갈하게 바른 뒤 사랑방에 네 활개를 펴고 누워 시원한 산바람을 폐부 깊숙이 들이마셔 본다. 유년 시절 뛰어놀며 추억이 배어 있는 이 집을 좋아하기 때문이다.

증조부께서 이 집을 지었는데 팔십여 년이 넘는다. 자연환경과 조화롭게 어울려 후손 번창에다 여유롭게 살고자 하는 생각이었으리라. 마당에서 축담을 거쳐 오르내리기조차 버거운 덩그런 대청마루가 집 가운데를 차지하고 있다. 대웅전처럼 높지도 않고 다소곳한 처마 곡선은 시골 선비 성정을 그대로 닮았다. 거기다가 둥그스름한 뒷산을 배경으로 아이들 글 읽는 소리가 할아버지 심성을 품은 집이다.

기둥으로 쓴 목재는 뒷산에서 자생하던 적송을 베어다가 서까래까지 얹었다. 다듬지 않아 울퉁불퉁한 옹이가 있는 그대로 송판을 만들어 대청마루를 깔았기에 두툼하면서도 나이테가 고스란히 드러나 보인다. 그 당시 우리 집 형편으로는 초가집을 짓기도 버거웠을 텐데 어떤 생각으로 이런 반듯한 집을 지으셨을까. 추위와 더위를 피할 수 있게 진흙과 수수 대궁을 고루 섞어 벽채를 발랐기에 조상님 슬기가 엿보인다.

내가 젖을 떼자마자 사랑채 대청마루에서 자랐다고 한다. 어린 마음에 어머니 품이 그리워 자꾸 안채를 기웃거리기도 했다지만 사방을 바라볼 수 있는 탁 트인 그곳은 계절에 관계없이 자연친화적인 열린 공간이었다. 아이들 놀이공간으로 그만한 장소가 없었기 때문이란다.

전통 기와집에는 마루와 구들이 서로 보완하며 공존한다. 성질상 그들은 서로 다른 기능을 가졌다 하겠지만 마루는 마루대로 시원하고, 온돌은 온돌 특성대로 따뜻하다.

그들은 자연과 인간의 간격을 좁히는 매개로써 마당과 내부 공간과 뒤뜰 자연 풍치까지도 어우러지도록 했다.

대청마루에 서 보면 앞뒤가 툭 트여서 온 우주가 내 손아귀에 드는 것같이 포만감을 느낀다. 멀찌감치 앉은 앞산을 바라보면서 마음속 소원을 빌면 다 들어줄 것 같은 생각이 든다. 뜬금없이 하늘을 바라보면 어떻게나 맑고 푸르던지 그 속에 풍덩 빠지고 싶기도 했다.

아득한 상층권에 떠 있던 비늘구름! 그것은 신비로운 미지의 세계가 나를 부르는 듯 아름답고 환상적이었다. 밤새 비라도 내린 날이면 뒤뜰 대숲에서 불어오는 싱그러운 바람 소리도 듣는다. 그 소리로 앞개울 물이 얼마나 불었는지 산 너머로 날아가는 황새를 보고 장마가 올지, 가뭄이 들지를 점쳐보던 곳이 바로 대청마루에서다. 별이 쏟아지는 밤이면 내 별은 어느 것인가 궁금했던 유년 시절 꿈과 낭만이 영글던 장소!

그래서 대청마루야말로 삶의 가치를 자연과 더불어 보고 배우며 인격을 형성해 간 실로 중요한 장소였다. 어디 그뿐인가. 할아버지께서 곶감이나 대추 같은 것을 손자들에게 나누어 주며 교육하던 인성의 트레이닝 장소이기도 했다. 그러니까 우리는 먹고 싶다고 함부로 덥석 집지도 까불며 분탕 치지도 못했다.

어느 대기업체 총수는 직원을 채용할 때 대청마루가 있는 집에서 자란 사람을 먼저 골랐다는 일화가 있다. 거기는 더불어 살아가는 공동체 의식과 책임 의식을 길렀던 강학 공간이었으므로 사지선다형에 익숙한 사람보다 그런 장소에서 자란 사람 심성을 중요시했다는 것이다.

그러나 세상에 영원한 건축물이 있던가. 오랜 세월이 흐르면 만리장성도 허물어진다고 하는데 우리 집 기와집쯤이랴. 세월 따라 날 사랑해 주시던 할아버지께서 하늘나라로 가시고 이젠 나도 그때 조부님처럼 머리가 희끗희끗한 나이가 되고 보니 건축물도 군데군데 상처가 나기 시작한다.

얼마 전 고향 집을 찾았을 때다. 햇볕을 담뿍 받는 기와지붕을 올려다보다 와송瓦松이 돋아나는 걸 보니 세월은 덧없이 흐르고 있다는 증거다. 문종이가 다 해진 사랑방 문을 한지로 바르고 축담 밑에 잡초를 뽑아내면서 알지 못할 그리움에 잠겨 본 하루였다. 피곤하기는커녕 집 뒤 대나무 서걱거리는 소리가 어찌나 정겹던지.

뼈대 있는 수필

날씨가 차다. 추위 속에서도 따스한 봄기운이 완연하다. 언 땅을 녹인다는 우수와 경칩이 지났으니 봄은 이미 가까이 온 것 같다. 가슴을 설레게 하는 봄! 감미로운 비애와 도취의 계절, 문사들에게 봄은 정녕 읽고 쓰고 싶은 충동을 불러일으키는 꿀 같은 계절이다.

이런 아름다운 계절에 오디오로 음악 감상을 했다. 계절은 우리에게 늘상 천국을 꿈꾸라고 하건만 뭘 좀 해보려고 시작하면 시간에 쫓기고 만다. 거기다가 알 수 없는 바이러스와 싸워야 하는 세상이다. '빨리빨리'가 현대인들의 특징 중 하나여서 속된 말로 부산인가 했더니 어느새 서울역이란 식이다. 마음먹고 선곡했는데 피아졸라의 망각이란 뜻을 담은 오블리비언oblivion이다. 오랜만에 피안의 세계를 걷는 듯 명곡에 취해 본 조용한 시간이다.

내면을 들여다본다는 핑계 삼아 음악 감상도 좋지만 책

안 읽기가 뉴 노멀new normal이 된 시대라고 하는데 공감한다. 나는 명색이 문필가라면서 좀 더 신중하겠다며 다짐하지만 번번이 그때뿐이었다. 그만큼 독서량도 풍요 속 빈곤이었다. 요즘은 책을 읽더라도 길고 장황한 내용은 싫다. 청년시절에는 한 작품에 열 권씩 되는 장편 대하소설을 밤새워 읽었지만 이제 그런 순수한 열정은 간데온데없이 사라졌다. 하지만 그런 미련한 독서가 정신세계를 풍부하고 기름지게 했다는 확신은 버릴 수 없다.

이제는 다르다. 길고 장황한 것보다는 ELS 시대다. 재미있고exciting, 부담 없고light, 길지 않은short 것을 추구한다. 그러니까 AI 시대일수록 수필이 뜨지 않을 수 없다. 짧은 것 중에서도 더 짧은 단수필, 또는 장수필까지 실험되고 있는 현실이다. 거기다가 해마다 뽑는 올해의 책에는 상위권에서 하위권까지 에세이가 판을 치면서 글의 구조를 형태적으로 잘 설명한다.

지난 2019년 인터파크 연간 종합 베스트셀러 1위가 에세이 분야인 김영하 선생의 『여행의 이유』이고 2위가 인문 분야 최승필 작가의 『공부머리 독서법』, 3위가 에세이 부문에서 100쇄를 찍었다는 혜민 스님의 『고요할수록 밝아지는 것들』이었다니 알 만하다.

그처럼 수필이 뜨는 세상이다. 하지만 잡문으로 취급해서 문학의 한 장르로 인정치 않으려는 문학계 풍조를 주목하지 않을 수 없다. 진실한 수필을 쓰는 나로서는 수치스럽고 가슴 아픈 일이다. 진실이 앞서지 않으면 단 한 줄도 이어 나가지 못하는 것이 수필인데 그렇다고 알록달록한 문단 풍토를 가지고 시비할 수도 없으니 답답하다.

글쓰기에 몰두하는 나에게 주어진 책무는 가볍지 않다. 읽는 이에게 깊은 울림을 주는 글, 영혼을 흔드는 명품 수필을 써야 하는데 그러지 못했던 것이 아닌가. 치열한 자기반성으로 스스로 위상을 높여 나가야 한다는 것을 새롭게 인식한다. 사람 육신처럼 감각 기능이 살아 있어야 하고 우물쭈물 부끄러운 글이 되어서는 안 된다는 뜻이다. 배꼽을 잡고 깜빡 짜부라지도록 웃던지 '아! 이거' 하면서 무릎을 친다면 그게 바로 읽혀지는 수필이 아니겠는가.

수필가가 양적으로 늘어났다. 이제는 질적으로 발전을 이뤄 내야 할 과제를 안고 있다. 삼국지에 도원결의桃園結義란 말이 있다. 유비, 관우, 장비 세 호걸이 결의형제를 맺었듯이 나도 신선한 맛이 살아나는 좋은 수필을 쓰겠다는 다짐하는 계기가 된다. 그것이 나의 마음임을 고백하면서 뼈대가 굵고 살이 통통하게 오른 수필을 쓰고 싶다.

송현松縣 정인호鄭仁浩 연보

| 학력 및 경력

1943 경상북도 안동시 길안면 현하리 429번지 출생
1956 길안국민학교 제28회 졸업
1959 부산동성중학교 제7회 졸업
1963 부산상업고등학교 제50회 졸업
1969 육군병장 제대
1974 신발부품 가내공장 창업하고 운영하다가 기술과 자금 부족으로 폐업
1975 배관자재 제조·도소매업 태창수도상공사泰昌水道商工社 창립·경영
1982 경성대학교 무역대학원 1년 과정 제1기 수료
1983 부산대학교 경영대학원 제3기 수료
1984 동부산청년회의소JCI 회장 피선
1985 한국청년회의소JCI 국제담당 이사(중앙회장 문희상)
1986 국세청 및 부산진 세무서장 모범납세자 포상
1991 부산수산대학교 산업대학원 제7기 수료

1993 부산상업고등학교 제50회 ≪졸업30주년기념≫
대회장 역임
1996 부산남구라이온스클럽 국제담당위원장, 재무이사
2002 퇴계학退溪學부산연구원 감사
2006 제34회 어버이날 효자상 받음(안동시장)
2008 33년간 경영했던 사업체 태창수도상공사를 직원에게
물려주고 은퇴
2011 東釜山대학 수료 '제례지도사' 3급 취득
2012~2015 동래정씨 대종중大宗中 감사

| 문학관계

1990~2010 강남주姜南周 배철웅裵哲雄 정목일鄭木日
유병근劉秉根선생님으로부터 수필 공부
2001 한상렬 선생님 추천으로 『문예한국』에서 등단
2005 『현대수필』 신인상 재등단
2001 부산광역시문인협회 입회
2003 한국문인협회 입회
2005 국제PEN한국본부 입회
2014 부산문화재단 창작지원금 2회 받음
2022 국제PEN한국본부 대표단 일원으로 <제88차 스웨덴
세계문학가 대회> 참석

정인호 수필선집

추억 버리기

초판1쇄 발행 2023년 1월 30일
초판2쇄 발행 2023년 3월 15일

지은이 정인호
펴낸이 이길안
펴낸곳 세종출판사

주소 부산광역시 중구 흑교로 71번길 12 (보수동2가)
전화 051－463－5898, 253－2213~5
팩스 051－248－4880
전자우편 sjpl5898@daum.net
출판등록 제02-01-96

ISBN 979-11-5979-565-7 03810

값 15,000원